劇団四季メソッド「美しい日本語の話し方」

浅利慶太

文春新書

924

劇団四季メソッド「美しい日本語の話し方」◎目次

第一章　日本語について――武器としての話し方　7
「話し方」を知らない日本人／しゃべらないコミュニケーション＝ネット／武器としての正しい話し方／親の話し方から子どもは学ぶ／複数の言語生活を持つ必要／なぜ「がなり癖」が抜けないのか／「四季のセリフは聞き取りやすい」／私たちの三つのメソッド／一からやれば誰でもできる／一音落とす者は、去れ！／『美しい日本語の話し方』教室」を始める

第二章　母音法――正しい発声のために　33
小澤征爾の教え――一音一音を分離させる／すべての日本語は「アイウエオ」からなる／正しい発声法のための基本四フォーム／母音だけで言ってみる／すべては「話し言葉」から／「長音」は二拍分で／連母音の共鳴変化の法則／連子音は一拍サイレントに／難しい例題を言ってみよう／歌でもできる母音法を日常の場面に生かそう

第三章　呼吸法――腹式呼吸と声の出し方　65

どうして声は出るのか／「声の専門家」の教え／パバロッティの発声法／腹式呼吸と胸式呼吸／腹式呼吸を身につけるコツ／呼吸法・仰臥姿勢編／開口と発声・仰臥姿勢編／息の吸い方・起立姿勢編／発声法／健康法としても活用しよう

第四章　フレージング法——言葉はどこで切るべきか　103

イメージや想念の流れを読む／句読点で折ってはならない／劇団四季の「セリフ」八カ条／シェイクスピアで考える「折れ」その1／シェイクスピアで考える「折れ」その2／平幹二朗とフレージング法／言葉に対する想像力を持て

第五章　劇団四季の歴史——言葉に対する探求の積み重ね　119

三島由紀夫『鹿鳴館』とセリフ／新劇のナルシシズム／「四季節」という侮辱／顧客満足度ナンバーワンに／四季のルーツ／私の中の言葉のルーツ／私を導いてくれた恩師／旗揚げ公演と恩師の死／食える劇団に／観客がすべて／新劇の失敗／少しでもチケットを安く／ロングランへの挑戦／自前の劇場を／全国各地に演劇の喜びを／旅公演で俳優は育つ／スター制度はとらない／居て、捨てて、語れ／高いレベルを維持する四季の俳優たち／「『美しい日本語の話し方』教室」「ここ

ろの劇場」を通して伝えていくこと／「話す能力」と演劇教育／日本語は美しい

巻末付録
『美しい日本語の話し方』教室台本 177

イラスト　上楽　藍

第一章　日本語について——武器としての話し方

「話し方」を知らない日本人

私たち日本人にとって、日本語とはアイデンティティそのものと言えます。日本語なくして日本人も日本という国家も存在し得ません。

ところが、その日本語が日々の暮らしにおいてあまり大事にされず、正しく表現されていないことを、演劇という言葉の芸術に携わる者として私はとても憂慮しています。

特に、「話す」場面において、それは顕著です。

日本の教育現場では、長く「読み書き算盤」が重視されてきました。表示された文字が理解でき、書類や手紙が書け、簡単な計算ができること。それが何より重要だったわけです。子どもたちへの教育においては、まずは識字率を上げることが国是であったと言ってもいいでしょう。

もちろん、それは重要なことです。しかし、いつまでもそれを続けたことは大きな問題を生みました。子どもたちは、先生の授業をおとなしく聞き、ノートを取ることは上手でも、自分でしゃべることはまったく不得意のまま育ってしまったのです。

「読み書き」の後にいきなり「算盤」が来るのではなく、「読み書き話す」でなければならなかったはずです。日本の教育には「話す方法」が抜け落ちており、日本人はそれを共有できていません。

こうした学校教育を受けてきた日本の子どもの多くは「正しい話し方」を知りません。正しく読み、正しく書くことはできても、「正しく話す」となるとたんにダメなのです。まるで、人々の間に「正しく話すことは要求し合わない」と暗黙の了解があるかのようです。

たとえば、電車の中の放送。あのひどさはどうでしょう。「神田でございます。お気をつけてお降りください」と言えばいいところを、「かんだー、かんだー」とわざとだらしない節をつけて言う。あれを聞いていて愉快になる人がいるでしょうか。乗車している顧客に対してあんなしゃべり方をしても注意されないのは、上司もまた同じような放送をしてきたからでしょう。

「いったい、どんな人がしゃべっているんだろう」といつも不思議に思っていた私は、車掌室を覗いてみたことがあります。すると、二〇歳前後と思われるごく普通の若者が唄うようなしゃべり方でやっていました。彼らは、友人たちとの会話でも、あんな風に投げやりな話し方をするのでしょうか。そんなことはないと思います。

要するに彼らは、不特定多数の群衆に対して、「神田でございます。お気をつけてお降りください」と、当たり前に言うべきことを言えない。変な節をつけて「自分でないしゃべり方」をしないと、そういう「意識構造」にもっていかないと、不特定多数に話しかけることができないのです。つまり、自然に日本語を話すというコミュニケーションが持てないのです。

しゃべらないコミュニケーション＝ネット

こうした、「コミュニケーション」と「言語」の遊離が、多くの日本人の中にあります。あなただって、今マイクを握らせられたら「かんだー、かんだー」とやってしまうかもしれません。なぜなら、「正しい話し方」を教わってこなかったのですから。

こうした環境の中で育ってきたために、日本人は諸外国人に比べディベート能力が低く、言いたいことが充分に言えず、国際社会でずいぶん損をしています。

仕事や恋愛の場面においても、話し方が下手なために失敗したり自信喪失している人たちは大勢います。コミュニケーションがうまくいかず、引き籠もったりストーカーまがいの行動に出てしまうケースもあります。

こうした傾向は、インターネットの発達によってより顕著になったと言えるでしょう。

今は、直接会って話したり、電話をかけたりするよりも、さまざまな連絡事項をメールで済ませる時代です。電車の中では、若者も中年も下を向いてスマートフォンをいじっています。一日に何度もメールをやりとりして、周囲の人たちと「コミュニケーションをとっている」つもりになっていますが、それはあくまで「しゃべらないコミュニケーション」なのです。

「しゃべる」という行為は、読み書きでは成し得ない意思の疎通を可能にします。美しい文体で書かれたラブレターは心を打ちますが、最後は言葉で愛情を語れなければ、その愛は成就しないでしょう。

私は常々スタッフに、「パソコンの中に演劇はない」と言っています。営業や事務などの業務にはパソコンが必須なのはわかります。しかし、現場で話される「言葉」と、パソコンの画面に映し出された「文字」は違います。現場で話される言葉を知らずに、いくらパソコンに向かっていても「伝えられる人」にはなれません。

もともと上手ではなかったのが、面と向かって人としゃべらないことで、ますます話し方が下手になっていく。こんな負のスパイラルに陥っているのが現代の日本人なのです。

それは、劇団四季に入団してくる若者たちも例外ではありません。彼らを見ていてはっきり言えるのは、日本人は徐々に言葉をしゃべらない民族になってきているということです。口数自体が減っているということは、自分の考えや思いを伝えようという情熱自体も減っているのかもしれません。

これは、とりもなおさず日本語の危機、もっと言えば日本という国の危機です。「しゃべる喜び」や「正しい日本語を話す自信」といったものを、すべての日本人が取り戻さなければならないと思います。

武器としての正しい話し方

私が本書で読者のみなさんと考えていきたいのは、日本人として誇りを持てる美しい日本語の話し方です。しかしながら、だらしない言葉を使っている人たちを糾弾しようなどというつもりは毛頭ありません。

いつの時代でも、若者に特有の話し言葉というのがあります。今この瞬間も、一〇代は一〇代なりに、二〇代は二〇代なりに新しい言葉を発明していることでしょう。若い頃は、仲間内で自分たちだけの世界をつくりたがり、また、大人社会に対しては旺盛な反発心を持つものです。だから、自分たちだけが使えるおかしな言葉を、若者たちがぺちゃくちゃ話しているのはいたって心が健康的なことだと言えます。

あなたに生意気盛りの子どもがいて、乱れた言葉で友人たちとおしゃべりしていたとしても、それほど目くじらを立てる必要もないでしょう。

ただし、どこへ出てもそんなしゃべり方しかできないというのは大問題です。

中学生でも高校生でも、学校で友人たちとおしゃべりするときは、みんなそれ用の話し方をします。ところが、大人たちのパブリックな場に出たとき、はっきりと二つのグループに分かれます。すなわち、きちんとした場ではそれにふさわしい話し方に変えられる子どもと、相変わらずおかしな話し方しかできない子どもの二つに分かれるのです。

この二つのグループは、そのまま友人づきあいのグループ分けにつながります。極端に言うと、将来的に社会で通用する人たちの一員になるか、ドロップアウトしがちな人たちの一員になるかが、その言葉で決まるということです。

このことは、かなり以前から指摘されていました。

学習院大学で長く教授を務めた私の知人は、学習院大学においてさえ、しつけのできていない学生が増えてきたと嘆いていました。しかし、その一方で、とてもしつけのいい学生たちも増えているというのです。

それは、あたかも学習院大学の中に二つの階級が存在しているようであり、その二つのグループ間には友情も恋愛も存在しないようだと彼は述べています。

つまり、子どもたち、若者たちの世界には二極分化があり、それは貧富の差ではなくコミュニケーションの差がつくりだしているということです。

私は、リラックスした仲間内でまで正しい日本語をしゃべれなどと言うつもりはありません。おかしな日本語も使って楽しんだらいいでしょう。しかし、それは「出る所に出たら正しい日本語が話せる」という前提があってのことです。

正しい日本語をしゃべるという「武器」を持たずにいることは、それだけで負けているということ。人生のすべての場面において、大変な損失だということに気づいてほしいのです。

親の話し方から子どもは学ぶ

最近の若者や子どもたちが、仲間内での言葉しか持てなくなっているのはどういう理由によるのでしょうか。

今、親や先生といった目上の人物に対しても友人のように接することをよしとする風潮があります。私たちが子どもの頃は、親というのは怖い存在でした。しかし、今は子どもにとって親は身近な仲間であり、親もそれを歓迎しているようです。

「あ、ほら失敗した」
「お父さんが邪魔したからじゃんかよ」
「自分でやったんだろ、あはははは」
「笑うなよな」

休日の電車の中でゲームに興じていた父と息子の会話です。楽しそうでしたので、これはこれでいいのでしょう。

ただし、これまた「出る所に出たら正しい日本語が話せる」という前提があってのことです。お父さんやお母さんに対しても友人と同じ話し方ばかりしていると、子どもは一つのスタイルの言語生活しか持てなくなります。自分が育った言語生活に合わないものに対して理解ができないのです。

私は、俳優を目指す若者たちを何千人と見てきていますが、敬語や人をいたわる言葉を親からきちんと教えられている若者は、柔軟な言語感覚を持っています。彼らは、どんな役のどんなセリフに対しても理解が早く、いい演技をするようになります。

一方、そうでない人たちは、もともと言語を大事にするよう育てられていないし、言語を尊重しません。

数人の若い俳優に稽古をつけているとき、休憩時間になっても仲間たちとほとんど話をしない人がいました。私は不思議に思って、「君はあまりしゃべらないね」と聞いてみました。すると、「家ではものすごいおしゃべりです」と言うのです。「それじゃ、どうして仲間とはしゃべらないんだ」と問うと、「エー」と黙ってしまう。要するに、ある精神状態に置かれると猛烈にしゃべるのに、あくまでそれは限られた場面であり、自分を多層的な精神状態にセットできないのです。だから、自分が使ったことのない言葉を話す仲間たちにとまどいを見せたのでしょう。

複数の言語生活を持つ必要

社会には、いろいろな環境に置かれた、いろいろな人たちがいます。そうした人たちとコミュニケーションをとっていくためには、複数の言語生活を持つことが必要です。すなわち、砕けた言葉もきちんとした言葉も話せるということです。

しかし、どちらか一つを優先して身につけるとなったら、間違いなく後者です。「正しく美しい日本語」を話せる人が、ちょっとラフに砕くことはすぐできても、逆は簡単ではありません。

だから、友人言葉で通している家庭なら、そうでない言葉があるということを子どもに教えてあげてほしいし、あなた自身が砕けた言葉で一日を過ごしているなら、ときに堅苦しいと感じる言葉も使ってほしいのです。

普段から砕けた言葉ばかり使っている人は、「場や相手によって言葉を使い分ける」ということができなくなります。

混み合ったバスから降りるときには、「申し訳ありませんが、降ろしていただけますか」と知らない人に声をかけなければいけません。少なくとも、「すみません、降ります」くらいは言わなければいけません。ところが、そうした言語生活を持っていなければ、無言で人を突き飛ばしていくことになります。

昔なら、商店でものを買うには店主に欲しいものを説明して棚から出してもらう必要がありました。ところが、今はスーパーでもコンビニでも勝手に自分で取ってかごに入れるだけです。言葉は求められていません。

こうした生活に慣れている人が高級ブランドショップに行くと、つまらないことでマイナス評価を受けます。ブランドショップで棚から勝手にバッグを取れば、店員が戸惑った顔をしてすっ飛んできます。こちらとしては「わざわざ店員を呼ぶまでもない」と思ってしたことでも、店からすると、「あのバッグを見せてください」ときちんと声をかけてくれなくては困るのです。

高級ホテルやレストランでかっこよく振る舞える人は、みんな明瞭な日本語を話しています。小さな声でおどおどこそこそ話したり、逆に虚勢を張った大声を出しているのは、なんともみっともないものです。

インプットする教養も重要ですが、「話す」というアウトプットの方法一つで、その人が判断されます。話し方で自分の価値を下げることをしていないか、ちょっと振り返ってみましょう。

なぜ「がなり癖」が抜けないのか

日本人は、読み書きについては諸外国人よりも数段、能力が高いのに、その知識をしゃべることに生かせていません。頭の中にある知識では、「神田でございます。お気をつけてお降りください」という言葉を知っているのに、口に出すと「かんだー、かんだー」となってしまうのです。

そこには、「声に出して伝える」ということに対する自信が欠如しています。

私が本書でお伝えするのは、正しい敬語といったものではありません。正しい「声の出し方」です。聞き取りやすい声で素直に朗々と語る方法です。

普段、さほど自分のしゃべり方に関心を抱いていない人でも、周囲の人が耳障りなしゃべり方をしたら気になるはずです。

電車の中で、男子中学生のグループに乗り合わせると、必ず一人や二人はかすれたような大声でがなっています。静かに本を読みたいときなど、正直言って耳障りに感じます。

「声変わりをする頃だし、エネルギーも有り余っている年代だからしかたない。彼らだって大人になれば落ち着いたしゃべり方をするようになるさ」

おそらく、乗り合わせた人の多くがそう思っていることでしょう。

しかし、大人になっても「がなり癖」が抜けない人がいます。一生懸命大きな声を出している割には、その声は通りが悪く、言ってみれば、雑音のような音だけが聞く人の耳に残ります。

彼らは、喉を絞るようにして声を出しているため、たいてい顎が突き出ています。見た目も美しくないし、せかせかイライラした印象を与えます。もちろん、喉を酷使して声帯を傷めることにもなります。

一方、「ごにょごにょ」こもるような小さな声で話す人もいます。何を言っているのか非常に聞き取りにくく、暗い印象を与えます。

聞き取りにくい話し方をする人に対して、誰も「よく聞こえませんよ」とは言ってくれません。耳をそばだてて聞くことが面倒くさくなって、半分くらいわかったら「それでよし」としてしまいます。つまり、本人が伝えたつもりのことは伝わっていないのです。

どちらのケースも、発声の根本ができていないまま大人になってしまったということです。

学校の授業では教えてもらうことがなかった「声の出し方」。それを、劇団四季で行っているレッスンさながらにお伝えしていくのが本書の狙いです。

「四季のセリフは聞き取りやすい」

「四季の芝居はセリフが聞き取りやすい」とよく言われます。俳優の言っていることがきちんと耳に入るから、目を瞑っていてもストーリーが明瞭にわかると。

嬉しい反面、「当然のことだ」とも思います。観客に聞き取れないセリフを話している俳優は、四季には居てはならないからです。発声の訓練が足りていない俳優は、たとえ何年やっていようとも舞台には上げません。

私は、劇団四季創立以来ずっと、現代日本語による朗唱表現を追い求めてきました。そして、何年も模索を重ねて、観客のみなさんから「聞き取りやすい」と褒めていただけるセリフの話し方を体系化してきました。

もともと私が、一演出家として演劇に携わるだけでなく、新しい劇団を自らの手でつくろうと思ったのは、当時の新劇界のセリフに対する生理的嫌悪感からと言っても過言ではありません。

若い人たちはピンとこないかもしれませんが、第二次世界大戦を敗戦で終えた日本には、ある種の厭世観とともに、体制を批判する左翼思想が蔓延していました。演劇界はもろにその波をかぶり、独りよがりでわかりにくい作品が、独りよがりで説教臭く、良く聞き取れないセリフによって繰り広げられていました。

もともと日本人は、演劇好きな国民です。能、狂言、歌舞伎など素晴らしい伝統演劇を楽しむＤＮＡを持っています。歌舞伎のセリフはきちんと聞こえます。それが歌舞伎芸術が四〇〇年も続いた理由でもあります。当然のことながら、そうした「日本人に、わかりにくい言葉」の「新劇」は広くは受け入れられませんでした。しかし、当時の演劇界は、「わからない観客が幼稚なのだ」というスタンスを平気でとっていました。

新劇の舞台でしゃべられてきた言葉は、私たちが日常生活で使ってきた言葉ではありません。能や歌舞伎ならば「様式」として受け取ることができます。しかし、現代劇の言葉はあくまでも現代の観客の生活感覚の中にあるものでなければなりません。

新劇には、言葉に対するまともな感受性を持っている人間には耐えられない口調がありました。それは、ヨーロッパから持ち込んだ原作を中途半端な翻訳で演じようとしたから生まれたにほかなりません。

「日本人が普段使っていない言葉を話す演劇が、日本人を感動させられるはずがない」

私は、新劇の風潮をとても嫌い、本来の日本人が楽しみ感動してくれる演劇を復活させたいと考えて劇団四季を興しました。だから、最初から言葉には徹底したこだわりがあったのです。

私たちの三つのメソッド

神奈川県横浜市の「あざみ野」というところに、「四季芸術センター」があります。ここには、ストレートプレイやミュージカルの通し稽古やダンスレッスンなどができる大きな稽古場が一〇、一人で歌やセリフが練習できる個人レッスン用の研究室が二五室あります。

①四季芸術センター

②四季芸術センターの稽古場

各種マシーンを揃えたトレーニングジムや医務室、食堂なども完備していて、内外の演劇人に「理想の稽古場」と評されています。

この四季芸術センター

がある限り、俳優たちは「稽古不足」という言い訳は絶対にできません。

一日を通して「クラシックバレエ」「ジャズダンス」「アウェイクニング（怪我を避けるための体づくり）」などのレッスンが行われ、俳優たちは自由にクラスに参加することができます。

なかでも、セリフを正しく話すための基本レッスンである「母音法」と「呼吸法」を教える教室には、毎日多くの人間が参加します。

こうした基本レッスンは、どんなベテラン俳優であれ、毎日欠かさず行わなければなりません。公演のある俳優でも、それが都内の劇場であるなら朝一〇時からのレッスンをこなし、それから劇場に入って欲しい。劇場に着いてからも、個々人で訓練を続けます。

このように、劇団員の日常は訓練に明け暮れていて、いわば、訓練の合間に本番があるという感じです。努力を継続しなければ、あっという間に自分のスキルが落ちていくことを彼らは知っているのです。

劇団四季の俳優たちが行っているレッスンの中から、本書でみなさんにお伝えする方法は三つあります。

まず「母音法」。母音の発声を徹底的にトレーニングします。これによって、どんな音も明晰に発音できるようになります。

次に「呼吸法」。腹・背筋を使った腹式呼吸で、体全体を使って声を出せるようにします。「喉」を締めて使う「ノド声」ではありません。これらは完全にメソッド化されているので、不器用な人でもちゃんとできるようになります。

さらに三つめは、「フレージング法」という独特の手法を用いて、「伝わる」言葉を話せるように訓練します。

それぞれ、詳しくは第二章以降で説明していきましょう。

一からやれば誰でもできる

「桃栗三年柿八年」という言葉がありますが、劇団四季のケースで言えば、セリフの基本が三年、歌が五年、ダンスが一〇年というところでしょう。もっとも私は、セリフを極めるためには一〇〇年以上必要だとすら考えています。

オペラ歌手が、二〇代ではまだまだ未熟で三〇代を迎える頃に本格的な声が出てくるように、俳優のセリフも、何十年と積み重ねられたその人の人生が磨き上げていくものです。そういう意味でセリフに完成はないし、あなたの言葉にも完成はありません。

逆に言えば、あなたが今、何歳であろうとも、その言葉はいかようにも磨き上げることができるし、無頓着でいたら錆び付いていくばかりだということです。

劇団四季に研究生として入ってくる俳優の卵たちは、最初はほとんど正しい日本語が話せません。彼らは、まったく話し方の教育を受けていないか、あるいは間違った教育を受けているかのどちらかです。

入団試験を行ってみると、踊りに関しては、多くの人がそれなりの基礎を身につけています。特にクラシックバレエの教育システムは、子供たちにバレエを教える市井の先生方の努力によって、ある程度確立しているからです。しかし、話し方に関してはそれがありません。むしろ、「演劇学校」と名乗るところで、おかしな教育を受けてしまっているケースが多いのです。あるいは、新劇調の癖がついてしまっている俳優経験者もいます。

私は、こうした人たちに、いつも言っています。

「四季に入ったら、それまでのものは全部捨てて一からやり直してもらいます」

本当に一からやり直せば、どんな人でも必ずいいセリフがしゃべれるようになるとわかっているからです。

あるオーディションに、ほかの劇団で活動していた俳優が参加しました。テストのセリフを言ってもらうと、私たちの最も嫌う大仰な言い回しをしました。それが、あまりにもひどかったために、審査員たちは「とても無理ですね」と匙を投げました。

しかし、私は彼を採用しました。彼は正しいセリフの話し方を知らないだけ。間違った教育を受けていただけなのです。もともと演劇に対する情熱は強く、音感も持っている。四季の水でじゃぶじゃぶ洗えば、いい俳優になるという予感がありました。

実際に彼は、特訓に特訓を重ね、みるみる明瞭で美しいセリフを話すようになり、今ではストレートプレイの代表的役者に育ちました。

一方、まったくなんの教育も受けずに、演劇に関してまっさらな状態で入団試験を受けに来る人もいます。男性に多く、それまで演劇など無関心だったけれど、偶然に四季の舞台を観ることがあり感動して「自分もやりたい」と思ってやって来るのです。なかには、元サッカー選手や高校球児だったという人もいます。

彼らは、なまじ変な癖がついていないため、スポンジが水を吸うように四季のメソッドを習得していきます。

本書を手にしているあなたも、何の癖もついていません。ただ、話し方について教わってこなかっただけです。だからきっと、四季のメソッドによって素晴らしい日本語が話せるようになるでしょう。

一音落とす者は、去れ！

四季のメソッドを使うと、なぜ、一からやれば誰でもできるようになるのでしょうか。演劇を目指したことがないあなたにも、きれいな話し方ができるようになるのはどうしてなのでしょうか。

それは、四季で行っているレッスンが厳密さを求めるものだからです。個人的な才能とか器用さとかに期待するのではなく、決められた通りにこなしていくことで確実に身につくものだからです。

四季のレッスンは、基礎の積み重ねを非常に重視しています。たとえば、歌のレッスンを例にとってみれば、重視するのは表現力や声音よりも楽譜通りに歌えているかどうかです。つまり「音程感覚」です。作曲家が書いた美しいメロディは、正しく歌われることで聴衆の心に届くのです。私は音楽は九九パーセント数学であると考えています。残りの一パーセントが表現であり芸術だと。

だから、音程やリズムに一切狂いがないように叩き込み、少しでも外れるならば罪悪であると教えます。四季芸術センターの壁には、「一音落とす者は、去れ！」と大書きされた紙が貼ってあるほどです。

もちろん、一パーセントの持つ意味は非常に大きいものです。しかし、その一パーセントは九九パーセントの厳密さがなければ決して輝かないものなのです。

と、ずいぶん厳しい話をしましたが、心配はいりません。あなたが世界的アーティストを目指すのではなく、日々の仕事や教育やコミュニケーションにおいて、より良い話し方をしたいと考えているなら、本書のメソッドは間違いなく役立ちます。そして、少しでも習得を確かなものにするコツは、一つひとつ丁寧にこなしていくことです。

『美しい日本語の話し方』教室」を始める

今から一〇年以上も前、たびたび四季の舞台を観てくれている、ある小学校の先生から連絡がありました。

「四季の俳優さんたちのように明晰な日本語が話せるよう、子どもたちを指導してくれませんか」

学校における日本語教育に大いに不満を抱いていた私は、何としてもこのリクエストに応えなければならないと考えました。そして、あれこれ試行錯誤の末、一冊の台本ができあがりました。それは、普段から劇団員が行っているレッスンに、わかりやすい説明を加えて四季の俳優が演じながら教えるというものでした。

横浜市の小学校に三名ほどの俳優を送り込んで、「『美しい日本語の話し方』教室」第一回が開かれたのは、二〇〇五年のこと。

四季の現役俳優たちが直接学校に赴き、台本に沿ってその場で伝える方法は大変に好評で、本年二〇一三年度は、日本全国六〇〇校以上で実施。授業数は約一二五〇クラスに及び、実に五万人近い子どもたちが受講してくれる見込みです。開始年から数えると、九年間で二九万人近い児童数となりました。おかげさまで「新しい学年のために今年も来てください」と、何度も声をかけてくれる学校もあり、教室はこれからもどんどん拡大していくことは間違いありません。

③『美しい日本語の話し方』教室

子どもたちを対象に始めたこのプロジェクトは、意外なところからも必要とされ、大手放送局でアナウンサー相手に行ったこともあります。

アナウンサーは話し方のプロであるはずですが、残念ながらそうとも言えないのが現実です。彼らは、地名や人名の正しい読み方や、鼻濁音など難しい音の出し方は教わっていますが、もっと基本的な発声の方法がわかっていません。だから、喉から声を絞り出すようなアナウンサーもたくさんいるのです。

実施の際は、あえて大人用の台本を用意せず、大人たちに教えるときも、小学生対象の台本を用います。それでも、ちゃんと習得してくれるということは、基本は一緒だということです。

子どもにも大人にも、プロにも素人にも通じる四季のメソッド。できればこれを、日本全国の教育現場で正規の教材として使ってほしいと、私は本気で考えています。

次章からはメソッドを具体的に説明していきましょう。

第二章　母音法——正しい発声のために

小澤征爾の教え――一音一音を分離させる

私たちに三つのメソッド、「母音法」「呼吸法」「フレージング法」があることは第一章で述べましたが、もっとも基礎の母音法をまずマスターして下さい。ちょっと練習すれば、誰でも上達が実感できるようになります。

「母音法」とは、簡単に言ってしまえば、母音の発音を徹底的に正すことで五十音のすべてをきれいに発音できるようにする手法です。それによって、一音一音が分離し等間隔に並ぶために一語一語の言葉が明瞭になります。

日本語の話し言葉を聞き手に確実に届け、かつ「きれいだ」と感じてもらうためには、一音一音が分離していることが何よりも重要です。

ところが、オーバーな抑揚をつけたがる俳優のセリフは、ある音はやけに長く引っ張り、ある音はほかの音とくっついています。そのため、観客にとって非常に聞き取りにくいものになります。

実は、一般的な会話でも同じです。口の中でごにょごにょ言って聞き取りにくい話し方をする人がいますね。その多くは変な抑揚や速度の変化をつけて、一音一音をバラバラの大きさにしてしまっています。だから、ごにょごにょ聞こえるのです。

真珠のネックレスを思い起こしてみてください。一級品のネックレスは粒がきれいに揃っています。そして、糸で一連になっていても、一粒一粒の真珠は独立しています。ネックレスをテーブルに置いて糸をそっと抜くと、同じ大きさの真珠が等間隔に並びます。言葉の音もこれと同じように、一音一音等間隔に並べると美しく響くのです。

たとえば、「はじめまして」という挨拶なら、「は・じ・め・ま・し・て」と、一音一音分離させることで、これまであなたが口にしていたものとは数段の違いが出ます。

私に、一音一音分離させることの重要性に気づかせてくれたのは、長年の親友でもある指揮者の小澤征爾君です。

それまで私たち演劇人は、わかりやすいセリフをしゃべるには「滑舌を良くする」ことこそ重要だと教わってきました。つまり、難しい早口言葉のようなものをペラペラ話すことができたら舌がなめらかになって、いいセリフがしゃべれるのだと。しかし、それではなかなか思うような成果が出ず、もっといい方法があるのではないかと、私は模索していました。

そんなあるとき、小澤君がこんな話を聞かせてくれました。

「優れたピアニストの音は、一音一音が分離している。ピアノ・コンチェルトで、ピアノの音がオーケストラの壁を抜けて響くのは、演奏された一音一音が等間隔で並んでいるときだ」

そのときは音楽の話で終わったのですが、あとになって私は、「ちょっと待てよ。もしかすると劇場での俳優のセリフにも言えることではないか」と気づいたのです。

すべての日本語は「アイウエオ」からなる

セリフの一音一音を等間隔で並べるためにはどうしたらいいのか。

小澤征爾君から得たヒントをもとに、考え抜いた私が辿り着いた結論は、母音を明確に発音するということでした。

ご存じのように、日本語はすべて、五十音の組み合わせからできています。五十音の中で、母音は「ア」「イ」「ウ」「エ」「オ」の五つだけです。世界のさまざまな言語の中で、日本語は飛び抜けて母音が少ないのです。

そして、「カ」行以下、アイウエオ以外の音は、子音と母音からなっています。

子音と母音の組み合わせについて、ローマ字を用いて確認してみましょう。

④ローマ字五十音表

wa	ra	ya	ma	ha	na	ta	sa	ka	a
(i)	ri	(i)	mi	hi	ni	ti	shi	ki	i
(u)	ru	yu	mu	hu	nu	tsu	su	ku	u
(e)	re	(e)	me	he	ne	te	se	ke	e
wo	ro	yo	mo	ho	no	to	so	ko	o

「ア」「イ」「ウ」「エ」「オ」という母音をローマ字で表せば「a」「i」「u」「e」「o」です。では、それ以外の音はどう表記されるかというと**表④**のようになります。「k＋母音」「s＋母音」「t＋母音」というように、あらゆる音は母音の存在によって成り立っていることがわかるでしょう。

たとえば、「ハ」は「h＋a」、「ト」は「t＋o」というように、子音と母音が組み合わされることによってその音が出ます。しかしながら、このとき、子音だけでは音にはなりません。子音は口の形にすぎないのです。

ためしに、「h」と「a」あるいは「t」と「o」を、別々に発音しようと試みてください。「a」と「o」は「ア」「オ」と発音できても、「h」のみ「t」のみではできません。できたと思う方、それは母音が必ず入っています。子音は単独では発音できないのです。

だから、一音一音分離するというのは、母音を分離させることによって初めて可能になります。いかに母音を正しく発音できるかで、言葉の聞き取りやすさが決まる。これが、母音法の基本理論です。

なかでも「a＝ア」は圧倒的に多く使われる母音です。

私の名前「アサリケイタ＝a-sa-ri-ke-i-ta」から母音を抜き出してみると「a-a-i-e-i-a＝アアイエイア」となり、半分が「ア母音」です。「あなた方が朝、博多から」と言おうとしたら、「a-na-ta-ga-ta-ga-a-sa-ha-ka-ta-ka-ra」と「ア母音」の連続です。私たち日本人は毎日の会話の中で、驚くほどたくさんの「ア母音」を口にしているのです。

美しい日本語をしゃべるためには、母音の発音が重要。とりわけ「a＝ア」の発音が重要だということを覚えておいてください。

正しい発声法のための基本四フォーム

「母音法」の実践に入る前に、もう少し基本的かつ重要なポイントを説明しておきましょう。

あなたは学校で、あるいは親から、五十音それぞれの音をどう出せばいいのか、習ったことがあるでしょうか。まず、ないでしょう。

まだとても幼い頃に、周囲の大人たちが話している言葉をまねて音にしてみたのが、そのままあなた独自の発声法になっているはずです。

しかし、それは極めておかしなものかもしれないと疑ってみる必要があります。あなたを育ててくれた両親自身、正しい話し方は教わっていないし、先生だって同様です。小学校や中学校の国語の先生たちの中には、読み書きは正確でも発音、発声がひどい人はごまんといます。繰り返しますが、それはあなたが習ってきた日本語は読み書きのみで、「話し方」は誰からも教わってきていないからです。

では、これから、あなたが教わってこなかったことを学習していきましょう。

言葉を話すにしろ、歌を歌うにしろ、正しい発声をするために重要な四つの「基本フォーム」があります。

1　体のフォーム
2　喉のフォーム
3　舌のフォーム
4　母音のフォーム

これら四つの基本フォームについて、一つひとつ具体的に見ていきましょう。

1　体のフォーム

声を出すときに使われる体の部位は、喉だけではありません。鼻腔、口腔、胸腔などをフルに使い、体自体が楽器のような働きをして声を出しています。

この「楽器」をより良く使いこなすためには、理想的な姿勢が必要になります。

理想的な姿勢というと、背筋をピンと伸ばした状態を思い浮かべるかもしれません。しかし、胸を張りすぎるとかえって横隔膜が動かず、たくさん息を吸えません。緊張しすぎず、肋骨を広げるように息をすることが大事なのです（呼吸については次章で詳しく説明します）。

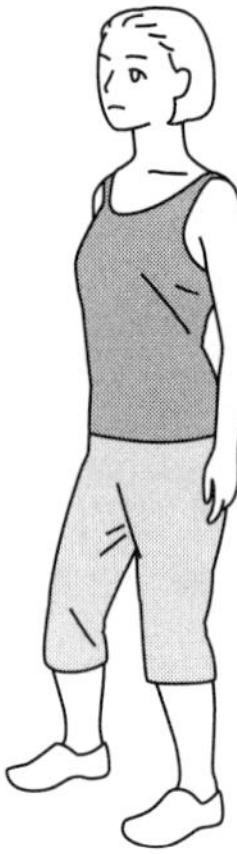

⑤体のフォーム

足は肩幅に開いて立ちます。肩の力を抜いて、首のあたりの筋肉を緩めリラックスしましょう。そして、体の重心を下のほうに感じます。かかとに重心を置かず、膝も突っ張らない。大腿部の筋肉のあたりに体重をかけるようにしてください（⑤）。

この状態で立っていると、突然後ろから突かれても膝の関節を曲げることで対応でき前に倒れません。つまり、とても安定している姿勢と言えます。

いい声を出すために理想的な姿勢とは、自然で安定した姿勢なのです。

人との会話中にいつもこのフォームをとることは難しくても、プレゼンテーションなどの場合は可能でしょう。また、発声練習をするときにも、理想の体のフォームを心がけてください。

2　喉のフォーム

正しい発声のための基本フォームのうち、一番難しいのが喉のフォームです。

いい声を出すためには、喉を開いて、音を体に共鳴させることが必要です。しかし、最初は「喉を開く」とはどういうことか、理解しにくいかもしれません。

喉を開くということは、口を開くのとは違います。いくら口を大きく開いていても、喉が狭くなっていてはいい声は出せません。

とはいえ、喉の奥のほうは見えないので、自分の喉が開いているのか狭くなっているのかは、なかなかわかりません。

⑥喉のフォーム

そこで、「あくび」をするときの喉の状態を思い起こしてみましょう。
周囲に遠慮なくあくびをするとき、あなたの体はどうなっているでしょうか。両腕を上げ上体を反らして胸腔を広げ、「ふあー」と大きく息を吐き出しますね。そのとき、体はリラックスしているけれど、喉の奥には力が入って、できるだけ喉を開こうとしているはずです（⑥）。

会議中にあくびを噛み殺そうとするときはどうでしょう。口は必死で閉じていても喉が大きく開いて空気が出てきます。私たちは、喉を狭く詰めたままあくびをすることはできません。

さらに、特別大きいあくびをしたときには、涙が出ることがありますね。それは、目の奥のほうまでいっぱいに開かれることで、涙腺が刺激されるからです。

このように、あくびをするとき、喉は開き、共鳴を起こす鼻腔、口腔、胸腔も大きく膨

⑦舌のフォーム

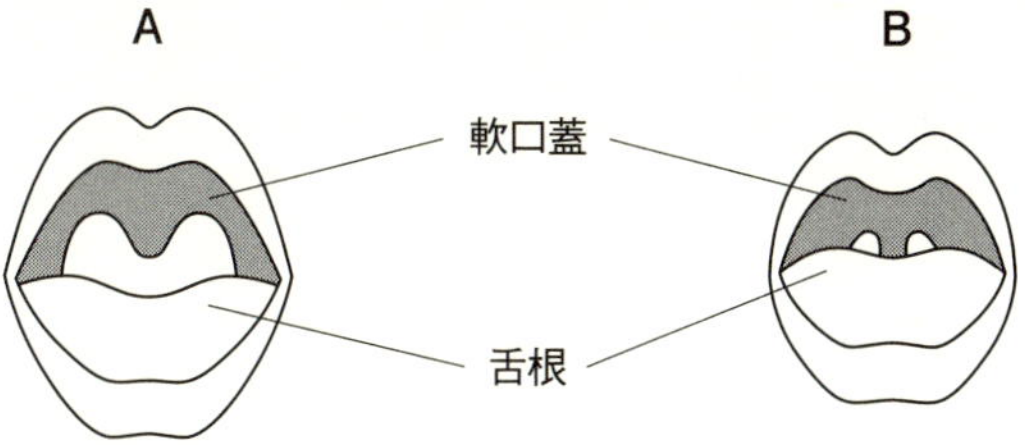

らみます。まさに、いい声を出すための条件が揃うのです。
理想的な喉のフォーム、「あくびの喉」をできるだけ保っていきましょう。

3　舌のフォーム

喉を大きく開くためには、舌のフォームも重要なポイントになります。

自分の舌について普段から意識できるのは、ほとんどが前の部分です。味覚を感じたり、歯に触れたりするのは、もっぱら舌の先のほうです。

しかし、発声について大事なのは、むしろ奥のほう。「舌根《ぜっこん》」と呼ばれる部分です。

図⑦を見てください。A図のように舌根が下がり、軟口蓋が上に上がっていれば、喉は大きく開いています。あくびの喉の状態です。

ところが、多くの日本人はB図のように、舌根が盛り上がり、軟口蓋が下がって喉を狭くしているのです。

あなたも鏡で確認してみてください。おそらく、軟口蓋の奥が舌根に隠れてしまっているはずです。

そこで、わざとあくびをしてみてください。舌根が下がり、軟口蓋が持ち上がって喉が開くのがわかるでしょう。

これが、どの音を出すときにも共通する理想的な舌のフォームです。

4　母音のフォーム

前述したように、五十音を発音するための基本は五つの母音にあります。そして、それぞれの母音には、正しく発声するための口の形があります。

「ア」「イ」「ウ」「エ」「オ」と五つある母音の中で、最も重要なのは「ア」です。「ア」は、日本語を話すときに最も頻繁に使う母音であると同時に、ほかの母音の形の基礎となっているからです。

「ア」の形を中心として口を横に開いていくと「エ」、さらに開くと「イ」になります。

「ア」を縦に開いていくと「オ」「ウ」となります。

どういうことか、**図⑧**を見ながら説明していきましょう。

「ア」＝軟口蓋を高く持ち上げるようにして、舌根を下げ、喉を大きく開き発音します。口の形はリンゴをかじるときのようなイメージです。

「エ」＝「ア」のフォームを基本とし、舌の真ん中から先を少し浮かすようにします。それにつれて、少し口が横に開きます。

「イ」＝「エ」の形を保って舌根を柔らかくした状態のまま、舌の全面と硬口蓋の間を狭くしていきます。「エ」よりもさらに口は横に開きます。

「オ」＝「ア」のフォームから、できるだけ口の形を縦にとります。そして、頬と唇を前に突き出すように発声します。

「ウ」＝「オ」の形から、唇を前方に狭く寄せていきます。そのとき、口の中は「オ」の形を保つようにします。さもないと、潰れたような「ウ」になるので注意が必要です。

母音のフォームとしては、最初は「オ」と「ウ」が最も習得しやすいかと思います。

実際に自分の口の形を鏡で確認しながら練習してみましょう。

口を正しく動かしながら、「ア・イ・ウ・エ・オ」「ア・イ・ウ・エ・オ」「ア・イ・

⑧母音のフォーム

エ

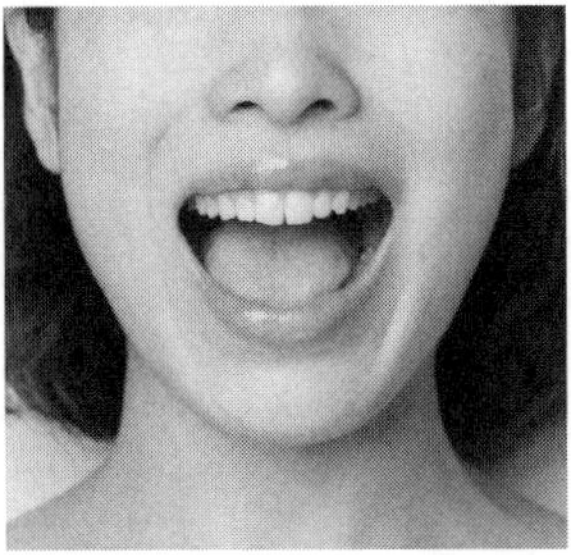

ア

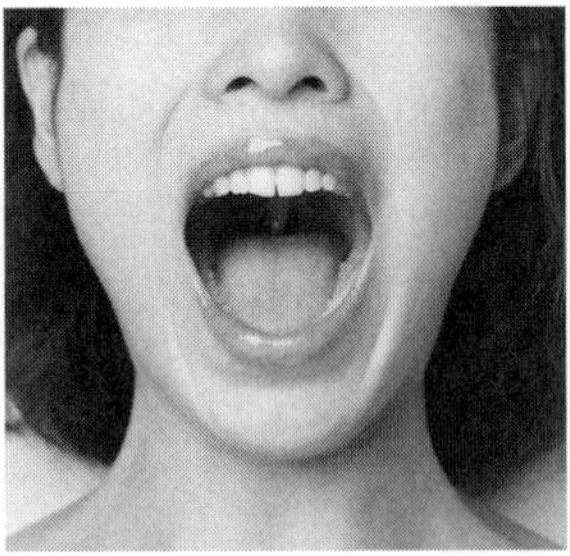

オ

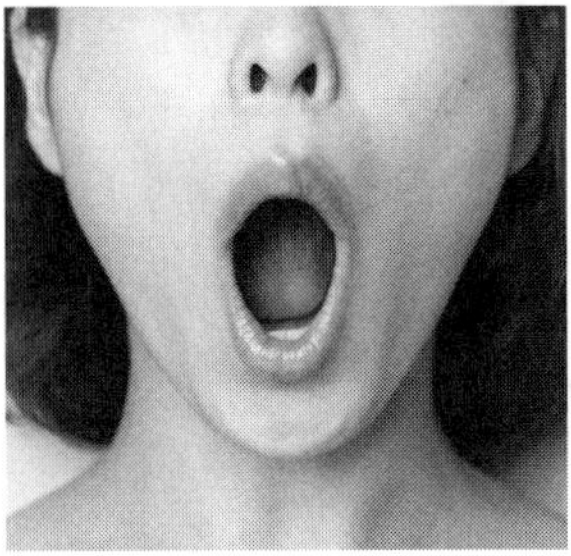

イ

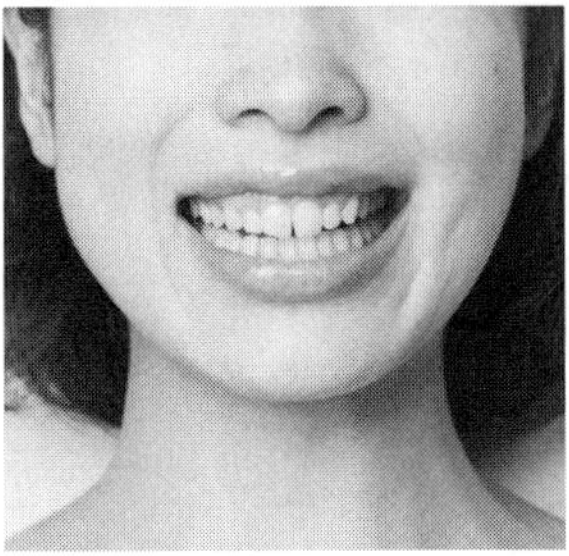

ウ

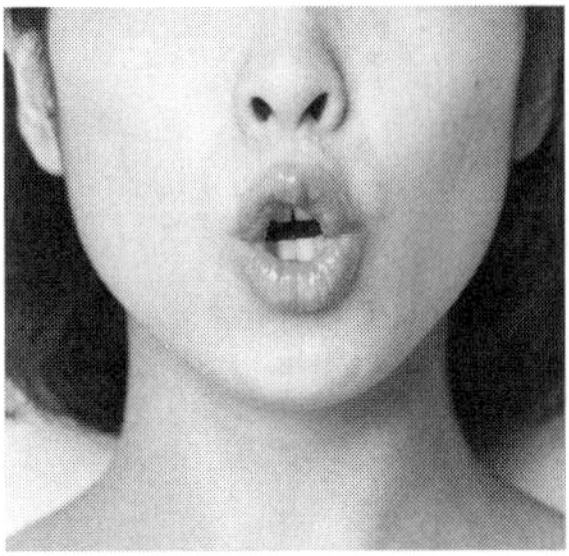

ウ・エ・オ」と一音一音はっきり発音すること。これが、美しい日本語を話すための最初のステップです。

母音だけで言ってみる

では、いよいよ母音法の実践に入っていきましょう。

まず、言葉をその土台である母音だけで発音し、明晰に母音を分離する感覚を体に入れ込み、それから子音を乗せてしゃべっていくという練習をします。

ここでは、よく使う挨拶を例にとって説明していきます。

「はじめまして」

「お疲れ様でした」

これらの挨拶を、ローマ字で表記してみましょう。

「はじめまして」は「ha-ji-me-ma-shi-te」。

「お疲れ様でした」は「o-tsu-ka-re-sa-ma-de-shi-ta」。

ここから子音を取り去って母音だけ残します。

「はじめまして」は、「a-i-e-a-i-e＝アイエアイエ」。

「お疲れ様でした」は、「o-u-a-e-a-a-e-i-a＝オウアエアアエイア」。

こうした母音が、一音一音分離して明確に発音できていないと、その言葉はきれいに聞こえません。そこで、まずは母音だけを徹底的に発音練習して、その後、子音もつけてしゃべってみるということを、劇団四季の俳優たちは繰り返しています。

あなたも、さっそくやってみてください。

前述した正しい母音のフォームを意識し、「アイエアイエ」と一音一音明確に発音することを繰り返してから「はじめまして」を言ってみます。

同様に、「オウアエアアエイア」を繰り返してから「お疲れ様でした」を言ってみます。

どうですか？　これだけで、かなりいい日本語になっているのがわかるはずです。

すべては「話し言葉」から

ここで、一つとても重要なことを確認しておきましょう。

本書で身につけていくのは、あくまで「話し方」であり読み書きではありません。ですから、日本語をローマ字に置き換えるときには、読み書きのルールではなく「発音」に従う必要があります。

もともと、日本語に限らずすべての言語は、読み書きより先に「話す」ことがなされていました。遠い祖先がコミュニケーションの手段として生み出した話し言葉を、共通の記憶として書き残すために、表音文字や表意文字といった文字をつくっていったのが人類の歴史です。

そのため、読み書きのための文字は、必ずしも正確に発音を表してはいません。たとえば、「おはようございます」。この挨拶は、読み書きのうえではたしかに「おはようございます」ですが、実際の発音は「おはよーございます＝o-ha-yoo-go-za-i-ma-su」となります。「ありがとう」も同様で、発音するときは「ありがとー＝a-ri-ga-too」です。

これを、「o-ha-yo-u-go-za-i-ma-su」「a-ri-ga-to-u」と発音したら、非常にわざとらしい日本語になってしまいます。

繰り返し述べますが、本書で身につけてほしいのは正しい話し方です。ローマ字に置き換えるときには、「発音に忠実に」を合言葉にしてください。

では、「おはようございます」「ありがとう」を発音に忠実にローマ字に置き換え、そこから子音を取り去り母音だけを残しましょう。

「おはよーございます」は、「o-a-oo-o-a-i-a-u＝オアオーオアイアウ」。

「ありがとー」は、「a-i-a-oo＝アイアオー」。

正しい母音のフォームで、「オアオーオアイアウ」「アイアオー」と、一音一音明確に発音する練習を何度も繰り返したあとで、「おはようございます」や「ありがとう」を言ってみましょう。

「長音」は二拍分で

さて、ここでもう少し専門的な説明をしましょう。

話し言葉における「おはよーございます」「ありがとー」などの「ー」を、「長音」と呼びます。長音は、その前の母音をもう一拍分引っ張ることを意味します。

「おはよーございます」の母音「オアオーオアイアウ＝o-a-oo-o-a-i-a-u」にも、「ありがとー」の母音「アイアオー＝a-i-a-oo」にも、「oo」があります。これは「オ母音」を二拍分引っ張ることを意味します。

このような「長音」をきちんと二拍分引っ張らずに発音すると、「おはよございます」「ありがと」となって聞き苦しくなります。聞き苦しいで済めばいいほうで、間違いを起こすことにもなります。

たとえば、「飯田さん」を呼ぶときには、「イーダさん」と「イ母音」の長音を正しく二拍分引っ張らなければ、「井田さん」に聞こえてしまいます。人名や地名には長音が入るものが多く、行き違いを避けるためにも特に丁寧に発音したいところです。

では、どんな長音があるのか確認しておきましょう。

お母さん（オカーサン）などの「アー＝aa」

お兄さん（オニーサン）などの「イー＝ii」

通じる（ツージル）などの「ウー＝uu」

お姉さん（オネーサン）などの「エー＝ee」

遠く（トーク）などの「オー＝oo」

このように、すべての母音に長音は発生します。

さらに、「エー」と「オー」については、書き言葉においては「エイ」「オウ」となる音も含まれます。

先ほど説明した「おはよーございます」「ありがとー」の引き音は、書き言葉では「オウ＝ou」となるところを「オー＝oo」と発音しているのです。神戸（コーベ＝koo-be）、東西（トーザイ＝too-za-i）、宝石（ホーセキ＝hoo-se-ki）なども同様です。

映画（エーガ＝ee-ga）、定期（テーキ＝tee-ki）、兵隊（ヘータイ＝hee-ta-i）など、書き言葉では「エイ＝ei」となるところを「エー＝ee」と発音する長音もたくさんあります。

こうした長音について、「コウベ＝ko-u-be」「東西＝to-u-za-i」「エイガ＝e-i-ga」「テイキ＝te-i-ki」などとならないのはなぜなのかと考えるのはバカげています。繰り返しますが、先にあったのは話し言葉です。話し言葉を正しく話すためには、発音にフォーカスすることが最重要です。

連母音の共鳴変化の法則

長音とともに注意が必要なのが、「連母音」です。

連母音とは、書いて字のごとく母音が重なることを言います。さらに連母音には、同じ母音が重なる場合と、異なる母音が重なる場合があります。

たとえば、「あなたは秋が好き」という言葉で考えてみましょう。これを発音に忠実にローマ字に置き換えると「a-na-ta-wa-a-ki-ga-su-ki」となります。すると、途中に「(w) a-a」と「ア母音」が続いている部分が出ます。これが、同音の連母音です。

連母音があったら、特に意識的に一音一音を分離して発音する必要があります。「あなたは秋が好き＝a-na-ta-wa-a-ki-ga-su-ki」の「(w) a-a」をはっきり区切って発音すれば、「アナタワアキガスキ」となりますが、不明瞭だと「アナタワキガスキ」とつながって聞こえてしまうのです。

かといって、わざとらしく連母音を離すことをしてはいけません。「アナタワ、アキガスキ」と、「ワ」と「ア」の間を止めてしまっては、それは話し言葉ではありません。句読点は、読み書きのためにある記号です。話し言葉の中に、記号の概念を持ち込まないようにしましょう。

話し言葉において連母音を正しく発音しているとき、そこには「共鳴変化」が起きています。共鳴変化とは、口の中で音の響きを変えることです。

共鳴変化が起きていることを確認するために、連母音をしっかり意識しながら「あなたは秋が好き」と言ってみてください。

そのとき、「あなたは秋が好き＝a-na-ta-wa-a-ki-ga-su-ki」の「(w) a-a」では、後の母音である「a＝ア」を、前の「a＝ア」より、口の中で少し高いところにあてたのではないかと思います。それによって、重なった母音がきれいに分離され聞きやすくなったのです。これを「同母音共鳴変化の法則」と言います。

続いて、異なる母音が重なるケースを見ていきましょう。

たとえば、「すぐ行きます＝su-gu-i-ki-ma-su」には、「(g) u-i」という異なった母音が重なっています。この言葉をはっきり言っているとき、やはり共鳴変化が起きています。それを「異母音共鳴変化の法則」と言います。

ここで共鳴変化が起きなければ、「スグイキマス」が「スグキマス」とまったく違った聞こえ方をしかねません。

ずっと好きだった人に、「とても愛してる＝to-te-mo-a-i-shi-te-ru」と告白する機会があったなら、「(m) o-a-i」と続く三つの異母音に注意が必要です。それらをきちんと独立させないと、相手には「トテマイシテル」などと聞こえてしまいます。

もちろん、わざとらしく区切って「トテモ、ア、イ、シテル」と言ったなら、その気持ちが伝わるはずもありません。

連子音は一拍サイレントに

続いて、「連子音」について考えていきましょう。

連子音も、書いて字のごとく子音が重なることです。

たとえば、「早速」や「潔癖」をローマ字で書くと「sa-sso-ku」「ke-ppe-ki」となります。「笑って」「でっかい」なら「wa-ra-tte」「de-kka-i」です。

それぞれ「ss」「pp」「tt」「kk」と子音が重なる部分があるのがわかるでしょう。これが連子音です。

「サッソク」「ケッペキ」「ワラッテ」「デッカイ」というように、連子音は、書き言葉では「ッ」と表記されます。それを「促音」と呼びます。

しかし、実際に発音するときに「ッ」という音が出るわけではありません。では、どういうことが起きているのでしょう。

実は、「ss」「pp」「tt」「kk」といった連子音のうちの、最初の一つは無音化（サイレント）されます。無音が一拍分挟まることで「ッ」が生まれ、連子音が正しく発音されるのです。

「サッソク」も「ケッペキ」も「ワラッテ」も「デッカイ」も、「ッ」は音として発音されませんが、あくまで四拍の言葉です。四拍のうちの一拍は「ッ」が占めています。それを意識して一拍分のサイレントをつくりましょう。

一拍分のサイレントを正しく挟まないと、「サソク」「ケペキ」「ワラテ」「デカイ」と詰まって聞こえてしまいます。

難しい例題を言ってみよう

さて、これまで少し理屈っぽい説明をしてきましたが、どれもとても重要なことですのでしっかり覚えておいてください。

今度は、そうした注意すべき要素をすべて踏まえて練習してみましょう。

「明日は雨だけど学校へ行ってみよう」

この言葉を、あなたはどのくらい正しくしゃべることができるでしょうか。

まず、ここで一回言ってみて、その出来を覚えておいてください。レコーダーに録音しておいても結構です。

次に、ローマ字に置き換えてみましょう。あくまで、「話し言葉の発音に忠実に」でしたね。

「明日は雨だけど学校へ行ってみよう」の発音は、「アシタワアメダケドガッコーエイッテミヨー」です。

ローマ字に置き換えると、「a-shi-ta-wa-a-me-da-ke-do-ga-kkoo-e-i-tte-mi-yoo」とな

ります。

これを、しっかり眺めてみてください。特に注意するポイントが、いくつかあるのがわかるでしょう。

同音の連母音「(w) a-a」、連子音「kk」、長音「oo」、異音の連母音「e-i」、連子音「tt」、長音「oo」と、これまで説明してきた要素が複数入っています。

「アシタ（ワア）メダケドガ（ッ）コ（ー）（エイ）（ッ）テミヨ（ー）」

連母音のある箇所は「ワ・ア」「エ・イ」と共鳴変化を起こして一音一音明確に発音すること。

促音の「ッ」で表記される連子音は、前の一音を一拍分サイレントにすること。

引き音の「ー」で表された長音は、母音を二拍分伸ばすこと。

こうした法則を無視してしゃべると、極端な場合、「アシターメダケドガコエテミヨ」となります。

では、これらの法則をしっかり頭に入れたうえで母音法で練習してみましょう。

「アシタワアメダケドガッコーエイッテミヨー＝a-shi-ta-wa-a-me-da-ke-do-ga-kkoo-e-i-tte-mi-yoo」から母音だけを残すと、「a-i-a-a-a-e-a-e-o-a-oo-e-i-e-i-oo＝アイアアアエ

アエオアッオーエイッエイオー」。

「アイアアエアエオアッオーエイッエイオー」を最低でも三回繰り返し、そのあと子音を入れて言ってみてください。最初に試したときより、ずっとはっきりした言葉になっているはずです。

歌でもできる母音法

『美しい日本語の話し方』教室」では、授業の最後に全員で『友だちはいいもんだ』という歌を合唱します。

『友だちはいいもんだ』は、一九七七年初演の劇団四季オリジナルミュージカル『ユタと不思議な仲間たち』の劇中歌。作詞は岩谷時子氏、作曲は故・三木たかし氏と、当代きっての才能あるアーティストによって生み出された名曲です。作品は多くの人に愛され、あちこちで歌い継がれています。

この曲には、「友情」「助け合う心」「連帯」など、たくさんの重要なメッセージが込められています。授業の最後に、生徒全員がお互いの目を見ながらこの歌を合唱する様子は感動的で、見学している先生の中には涙ぐむ人も多くいます。

歌はただ歌って楽しむだけのものではありません。話し言葉と同様に、自分の思いを聴いている相手に伝えることができます。

だから、歌を歌うときにも正しい日本語を意識することがとても重要。母音法で歌ってみることで、歌詞が明晰になり表現力が大きくアップします。

舞台稽古に臨む四季の俳優たちは、セリフだけでなく歌についても母音法で訓練を重ね、それから子音を乗せて歌っていきます。

もちろん、「『美しい日本語の話し方』教室」でも、母音だけで歌う練習をします。あなたが『友だちはいいもんだ』をご存じなら、実際に歌ってみましょう。

『友だちはいいもんだ』（一番）

友だちはいいもんだ
目と目でものが言えるんだ
困った時は力を貸そう
遠慮はいらない

いつでもどこでも君を見てるよ
愛をこころに君と歩こう
みんなは一人のために
ひとりはみんなのために
みんなは一人のために
一人のために

ここから母音をピックアップしてみましょう。

オオアイアイーオンア
エオエエオオアイエウンア
オアッアオイアイアアオアオー
エンオアイアアイ
イウエオオオエオイイオイエウオ
アイオオオオイイイオアウオー

インアアイオイオアエイ
イオイアインアオアエイ
インアアイオイオアエイ
イオイオアエイ

これを三回ほど繰り返したあとで子音をつけて歌ってみてください。すごく「上手くなった」と感じるはずです。

「『美しい日本語の話し方』教室」を受けている子どもたちは、自分たちの歌声がはっきり変わったことを実感し、感激します。その感覚を、あなたも共有できるはずです。

言うまでもなく、母音法はどんな歌にも使えます。カラオケの十八番にさらに磨きをかけたいなら、ぜひ歌詞を母音に直して歌ってみてください。

母音法を日常の場面に生かそう

本章で紹介した母音法は、あなたの日常生活において、いろいろな場面で活用することができます。

たとえば、大事なプレゼンを成功させたいとき。あるいは、結婚式のスピーチを頼まれたとき。自分で書いた原稿をただ読み上げるだけでなく、聞き手に思いを伝える美しい日本語を話すために積極的に母音法を用いてください。

まずは、自分で書いた原稿を丁寧に見て、長音、連母音、連子音など特に注意が必要な箇所をチェックします。そのうえで母音だけで読み上げる練習を繰り返します。一音一音分離させて等間隔に並べることを忘れずに。

それができたら、子音も入れて読んでみましょう。

母音法で練習すると、言葉がきれいになるだけでなく、一音一音等間隔に区切っていくことでリズムが整います。緊張して舞い上がってしまうような場面でも、自分のリズムを保ちながら堂々としゃべることができるでしょう。

人前で本を朗読したり、子どもに絵本の読み聞かせをするときも、母音法で練習しておけば、美しく正しい日本語で読むことができます。

いずれの場合も、体、喉、舌、母音それぞれのフォームを保つことをできるだけ意識してみてください。とはいえ、最初から全部やろうとしたら混乱してしまうかもしれません。できることからで結構です。

劇団四季の俳優たちも、最初は読者のみなさんと同じところからスタートしています。焦らずに、失敗したら何度でもやり直してみてください。そのうちに、必ず効果を実感できるようになります。

第三章　呼吸法——腹式呼吸と声の出し方

どうして声は出るのか

私たちが言葉を話すとき、その声はどこから出ているのでしょう。喉から出ていると感じるかもしれませんが、そう単純なものではありません。

私たちが声を出すためには「息を出す」ことが不可欠です。言葉を発しているときも歌を歌っているときも、息は吐いています。息を吸いながら声を出すことなどできません。「出る息に音が乗って声になる」と考えてもらっていいでしょう。

だから、長い言葉を明確にしゃべろうとしたら、長く息を吐き続けることが必要になります。長いセリフを明晰に話さなくてはならない俳優にとって、呼吸はものすごく大事なものなのです。

本章では、劇団四季独自の「呼吸法」を習得していただきますが、その前に、発声のメカニズムについて簡単に説明しておきましょう。

私たち人間の喉頭《こうとう》には「声帯」という器官があります。声帯は小指の爪くらいの大きさで、左右対称に位置しています。ピンク色でちょっと桜の花びらに似ています。

この左右の声帯が開閉するすき間を、肺から出される空気が通過するときに振動を起こし、それが声となります。振動は、口の中だけでなく頭部や胸などにも複雑に伝わり共鳴を起こします（図⑨）。

バイオリン、琴、ピアノ、ギター……、どんな楽器にも「胴体」があります。それは共鳴を起こすために必要なのです。この、共鳴する胴体を、「共鳴胴」と呼びます。

⑨声帯からの振動

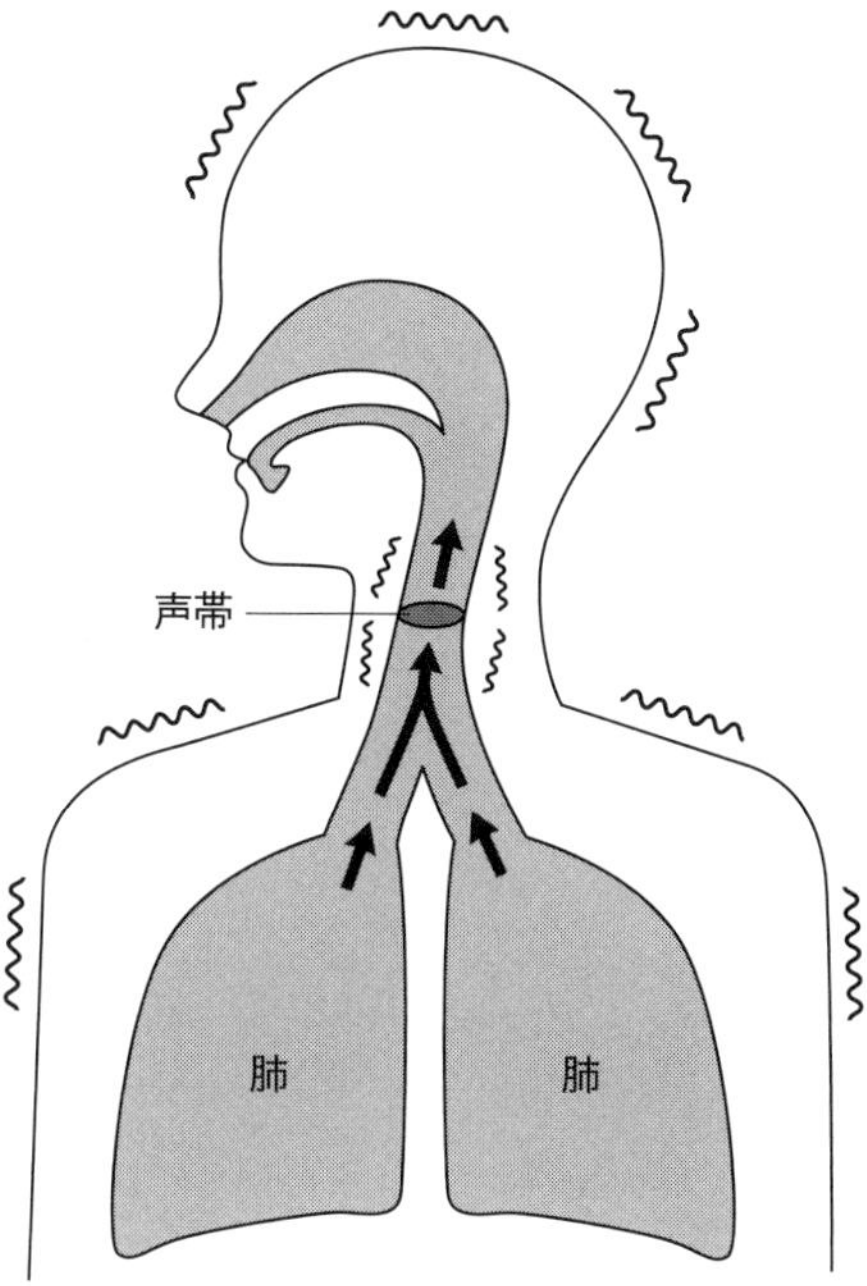

共鳴胴は硬ければ硬いほど、澄んだ良い音を響かせることができます。楽器の胴体はどれも硬くて、ぐにゃぐにゃしたものはありません。また、カーテンや毛布などがある寝室で歌うよりも、タイル張りのお風呂で歌うほうが上手に聞こえるのは、タイルが硬い共鳴胴

⑩鼻腔と口腔

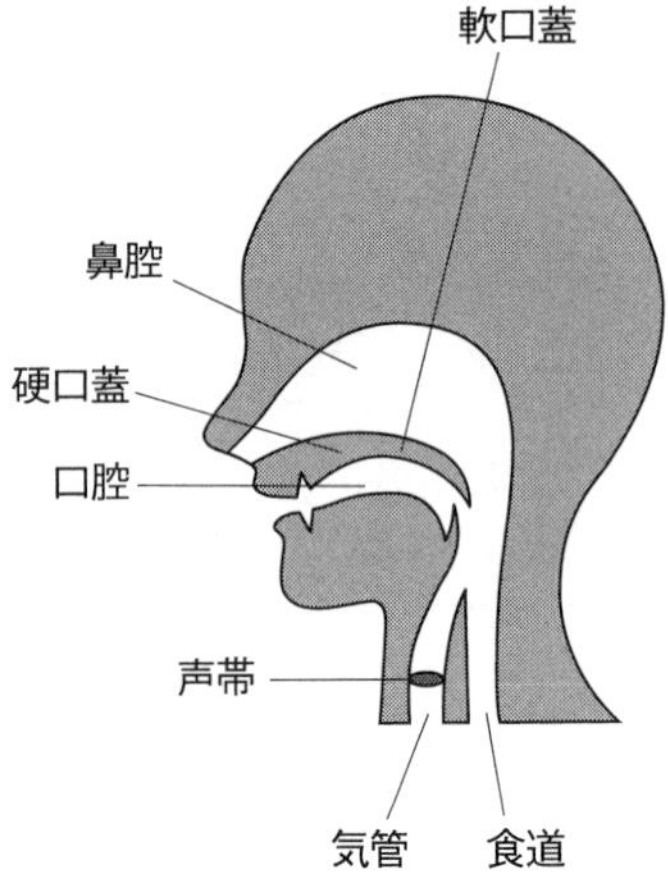

をつくるからです。

いい声で話をしたり歌ったりするためには、人間も楽器と同じように共鳴胴を持たねばなりません。

では、人間の体の中で理想的な共鳴胴となり得るのはどこでしょうか。

まず、硬い骨で囲まれている鼻腔、次に、硬口蓋や軟口蓋のある口腔が挙げられます。つまり、鼻や口です（図⑩）。

これらの共鳴胴は、もっぱら高い音をきれいに出すために使われます。カラオケで歌っていて高音を出そうとしたら、誰でも鼻や口のあたりに響かせようとするはずです。

しかし、鼻や口は低い音を出すのには向きません。小さすぎるからです。低音を響かせるには大きな共鳴胴が必要です。

これは、楽器を見れば一目瞭然です。弦楽器を例にとると、バイオリン、ビオラ、チェロ、コントラバスと胴体が大きくなるにつれ、低い音を受け持つようになります。日本の太鼓でも、小太鼓は「タンタンタン」と高い音を、大太鼓は「ドンドンドン」と低い音を奏でます。

人間が低音を出すために共鳴胴として働くのは、鼻腔や口腔より大きい胸腔です。試しに胸に手を置いて声を出してみてください。高い音を出しているときは反応はありませんが、低い音を出すと掌に振動が伝わってくるはずです。

低い音をきれいに響かせようとしたら、なるべく胸のほうへ共鳴を落としていく必要があるのです。

「声の専門家」の教え

私は、慶應義塾高校に通っていたときから、将来は演出家になりたいと考えていました。しかし、その頃はまだ、俳優たちの「声を守る」にはどうしたらいいかなど考えていませんでした。

慶應高校で所属していた演劇部の一年先輩に作曲家の林光さんがいて、私たちはとても親しくしていました。彼の父親は林義雄さんといって、慶應病院の耳鼻咽喉科部長を務めている医学部の主任教授でした。林家は学校からの帰り道にあったため、私はしょっちゅうお邪魔し、ときには光さん本人がいないのに、食事をごちそうになったりしていました。

ある日、いつものように林宅に上がり込み勝手にくつろいでいると、義雄先生が私を呼びました。

「慶太か、こっちへ来い」

そして、「もし本当に演出家になりたいのなら、月曜日の九時に慶應病院の耳鼻咽喉科に来い」と命じたのです。


「演出と耳鼻咽喉科に、いったいどんな関係があるのか？」

いぶかしく思いながらも、指示通りに月曜日の九時に慶應病院に向かうと、すでに白い診察着を身につけた義雄先生が患者さんを診ているところでした。


義雄先生は、患者さんの許可を得たうえで、喉に入れたルーペを私に覗かせてくれました。私はそのとき、初めて人間の声帯を見たのです。

患者さんの声帯は、美しく小さい花弁のようでしたが、よく見ると花弁の端が赤く充血しているのがわかりました。


「どうだ慶太、見たか。あれが声帯だよ」

診察後、義雄先生が説明してくれたところによれば、赤くなっているのは声帯が炎症を起こしているからだということでした。症状が進むと結節ができて声が出なくなり、そうなったら手術が必要になるのだと。

「声帯は本当にデリケートなものだ。しかも、声帯は振動するだけであり、声をつくるのは体の共鳴だよ。その共鳴が頭部に行くと頭声になり、胸に行くと胸声になる。だから、喉に力を入れて声を出すなどという考えは間違っている。腹・背筋を使って共鳴を支えなければいけない。これが正しい発声の方法なんだ。この発声法について詳しく知らなければ、お前は演出家にはなれない。このことを良く覚えておくんだ」

音声生理学が専門だった義雄先生は、何も知らなかった私に、こう教えてくれました。

今でも目を瞑ると、あの患者さんの声帯がまざまざと浮かびます。おかげで、俳優たちが歌の稽古をしているときなど、「この俳優の声帯は今、どうなっているだろうか」と、いつも気にするようになりました。もし、義雄先生から正しい知識を得ていなかったら、今の劇団四季はなかったかもしれません。

パバロッティの発声法

俳優の「声の出し方」について、当時の演劇界にはいろいろな説が飛び交っていました。

私の母方の大叔母は、帝劇女優の第一号でした。その大叔母が私に教えてくれた方法は、義雄先生の論とはまったく逆のものでした。

「慶太、発声を教えてあげる。まず海岸に行きなさい。そして水平線を見つめる。そこに向かって力いっぱい大声を出しなさい。そのうちに声がかれ、喉から血が出てくるわ。それでも声を出し続ければ、声ができあがってくるから」

なんという教えでしょう。この教えを医学的に見れば、おそらく傷ついて結節だらけになった声帯がダミ声を発しているような状態でしょう。

喉を大事にしなければならない演劇人として、とんでもない話ですが、当時はこうした非科学的な錯覚がプロの世界にも蔓延していたのです。

今でも、わざと声帯を傷つけて個性的な声をつくろうとする人が、ロック歌手などに少数ながらいます。しかし、こんなやり方で魅力的な声が出せるはずはありません。劇団四季では、「美声を目指すな」と教えています。生まれついた声の質を変えようなどと思うのではなく、呼吸法を基礎から学ぶことこそ、いい声を出すために有効だからです。

一九八六年、私はミラノのスカラ座でオペラ『蝶々夫人』を演出しました。そのとき、別の稽古場でルチアーノ・パバロッティの練習風景を見学する機会に恵まれました。彼は二〇世紀後半を代表するオペラ歌手で、プラシド・ドミンゴ、ホセ・カレーラスの二人とともに、世界三大テノールの一人と称されています。間近で見ると、声を出すときの彼は、喉を深く開き、腹・背筋をしっかり使って体全体に共鳴させているのがよくわかりました。それはそれは、素晴らしい声でした。

ミラノでは、パバロッティだけでなく世界中の一流歌手と交流を持ちましたが、ほとんどの人が同様の発声法で歌っていました。

まさに、義雄先生が教えてくれた、声帯と体の共鳴の理想的な関係を見た思いがしたものです。

腹式呼吸と胸式呼吸

劇団四季では、腹・背筋という筋肉を使って呼吸をコントロールし、体全体に声を共鳴させる方法を徹底して教えます。これから説明する「呼吸法」は、四季の俳優であるなら一日たりとも欠かさずに行っているものです。

呼吸には、息を吸ったときに胸が膨らむ「胸式呼吸」と、お腹が膨らむ「腹式呼吸」があります。あなたに身につけてほしいのは、腹・背筋を使う腹式呼吸です。

リラックスできない状況にあると、私たちはどうしても胸式呼吸に傾きます。緊張したりショックなことがあったときなど、胸で「はあはあ」と荒い呼吸をしますね。こういうときは、喉が詰まったような息苦しさを覚えることもあります。

また、胸式呼吸をすると交感神経の働きが活発になるため、血圧や体温が上がり心身が戦闘状態になります。肩などに力が入り、いわゆる「りきんだ」状態になります。命の危機にさらされたときならそれも必要ですが、普段からりきんでいたら心身共に疲れ切ってしまいます。

一方、最高にリラックスしている就寝中には、私たちは誰でも腹式呼吸をしています。「はあはあ」しながら熟睡している人などいません。こういう風に胸で息をしているのは、臨終の迫った心臓病患者か、出産を数日後に控えた妊婦だけではないでしょうか。

ヨガや瞑想で腹式呼吸を奨励しているのは、腹式呼吸は副交感神経を優位にして全身をリラックスさせてくれるからです。いい声を出すための「あくびの喉」は、リラックスしていないとつくれません。また、たっぷり息を取り込み長い息を出すためにも腹式呼吸が望ましいのです。

上手な俳優や歌手は、観客に「息継ぎ」を悟らせません。腹式呼吸ができていて胸が上下しないため、いつ息を吸ったのかわかりません。それに対して、下手な人は「はあ」と胸が動き肩も上がります。

普段の会話でも、胸を上下させて「はあはあ」していたのでは、落ち着きが感じられません。腹式呼吸で体の奥にたっぷりと息を吸い込んで、その息を少しずつ出しながら声にしていくと魅力的な話し方ができます。

腹式呼吸を身につけるコツ

とはいえ、胸式呼吸の癖がついている人にとって、今から腹式呼吸に変えろと言われても難しいかもしれません。呼吸は普段から無意識にしているし、音や色などで変化がわかるものでもないので、なかなか捉えにくいのです。

そこで、まずは腹式呼吸の「感覚」を身につけることから始めましょう。

仰向けに寝て、「息を吐くときにお腹をへこませ、吸うときにお腹を膨らませる」ことを意識してみましょう。ただし、このときの「お腹」とは、おへそのある腹部前方だけを言っているのではありません。横腹から後ろ側の腰のあたりまでを含めて「お腹」だと思ってください。

息を吸ったときに、おへそより二〜三センチ下のところ（丹田《たんでん》）を中心に、自分の胴回りがビア樽のように膨らんでいくイメージを持ってみましょう。吐いたときには、パンクしたタイヤのように、胴回りはしぼんでいきます。丹田に手を置いて確認しながら行ってもいいでしょう。

腹式呼吸で一度にたくさんの息を取り込めるようになると、お腹前方だけでなく腰のあたりまで大きく膨らむのが自覚できます。

四季で行っている呼吸法のレッスンには、入団間もない新人からメインキャストを務めるベテランまで参加します。

そのときに、新人とベテランではお腹、特に後方の腰のあたりの動きがまったく違います。

二人一組となってお互いの腰に手を置き確認し合うと、正しい呼吸法をすっかり身につけたベテラン俳優の腰が「ぐわっ」と膨らむことに、新人はものすごく驚きます。

さて、「何となくわかったような気がする」と思ったら、いよいよ本格的に呼吸法を習得していきましょう。

呼吸法・仰臥姿勢編

ステップ1

まずは、体のよけいな緊張をとり、リラックスした状態をつくりましょう。

1　仰向けに寝て、目を閉じます。

2　閉じたまま目の力を抜き、「頭」「首」「肩」「腕」「背中」「腰」「腿」「膝」「足首」の順に、意識して力を抜いていきます。

3　体全体が床に着くように、重力に逆らわないようにします。

ステップ2

そのうえで、腹式呼吸で声の通り道を感得しましょう。

1　鼻からゆっくりと息をいっぱいまで吸っていきます。

2　息を吸い切ったら、そのまま2秒間停止します。

3　喉や首に力が入らないよう、またスーッという音をたてぬよう、口からゆっくりと息を吐いていき、最後まで吐き切ります。

4　1から3を、体が腹式呼吸に慣れるまで繰り返し行います。

ステップ1とステップ2によって腹式呼吸の基本がわかったら、ステップ3からは、息を吸う時間や吐く時間に変化をつけていきましょう。

各ステップを終えたら、そのまま次のステップへと進んでいきますが、慣れないうちは緊張したり疲れを感じることもあるでしょう。そのときは無理して先に進まずに、一度リラックスし、腹式呼吸で息を整えてください。

ステップ3

4カウントで吸って4カウントで吐きます。

1　残っている息を全部吐き切ります。
2「1・2・3・4」のカウントで、息をなめらかにいっぱいまで吸っていきます。
3　息を吸い切ったら、そのまま2秒間停止します。
4「1・2・3・4」のカウントで、口から息をなめらかに吐いていき、最後まで吐き切ります。
5　2から4を4回繰り返します。

ステップ4
　2カウントで吸って4カウントで吐きます。
1　残っている息を全部吐き切ります。
2　「1・2」のカウントで、息をなめらかにいっぱいまで吸っていきます。
3　息を吸い切ったら、そのまま2秒間停止します。
4　「1・2・3・4」のカウントで、口から息をなめらかに吐いていき、最後まで吐き切ります。
5　2から4を4回繰り返します。

ステップ5
　1カウントで吸って4カウントで吐きます。
1　残っている息を全部吐き切ります。
2　「1」のカウントで、息をすばやくいっぱいまで吸います。
3　そのまま2秒間停止します。

4　「1・2・3・4」のカウントで、口から息をなめらかに吐いていき、最後まで吐き切ります。
5　2から4を4回繰り返します。

ステップ6
　1カウントで吸って2カウントで吐きます。
1　残っている息を全部吐き切ります。
2　「1」のカウントで、息をすばやくいっぱいまで吸います。
3　そのまま2秒間停止します。
4　「1・2」のカウントで、口から息をなめらかに吐いていき、最後まで吐き切ります。
5　2から4を4回繰り返します。

ステップ7
　1カウントで吸って1カウントで吐きます。
1　残っている息を全部吐き切ります。

2　「1」のカウントで、息をすばやくいっぱいまで吸います。
3　そのまま2秒間停止します。
4　「1」のカウントで、口から息をすばやく吐き切ります。
5　2から4を4回繰り返します。

ここで一度休憩しましょう。吸う時間と吐く時間を意識的に変えるのは、初めての人にとってちょっと難しかったかもしれません。体の緊張を取り、ゆっくり腹式呼吸を繰り返してリラックスしてください。

次のステップ8からは、短く吸った息をより長く吐く練習をします。

声を出しているときは息を吐いているのですから、吸う時間よりも吐く時間を長くできたら、それだけ余裕を持ってしゃべることが可能になります。もちろん、俳優や歌手にとって外せないスキルです。

なお、ステップ8以降は、繰り返さずに次のステップに続けていきます。

ステップ8

1カウントで吸って10カウントで吐きます。

1　残っている息を全部吐き切ります。

2　「1」のカウントで、息をすばやくいっぱいまで吸います。

3　そのまま2秒間停止します。

4　「1から10」のカウントで、口から息をなめらかに吐いていき、最後まで吐き切ります。

5　すぐにステップ9に移ります。

ステップ9

1カウントで吸って20カウントで吐きます。

1　残っている息を全部吐き切ります。

2　「1」のカウントで、息をすばやくいっぱいまで吸います。

3　そのまま2秒間停止します。

4　「1から20」のカウントで、口から息をなめらかに吐いていき、最後まで吐き切ります。

5　すぐにステップ10に移ります。

ステップ10

1カウントで吸って30カウントで吐きます。

1　残っている息を全部吐き切ります。

2　「1」のカウントで、息をすばやくいっぱいまで吸います。

3　そのまま2秒間停止します。

4　「1から30」のカウントで、口から息をなめらかに吐いていき、最後まで吐き切ります。

5　すぐにステップ11に移ります。

ステップ11

1カウントで吸って40カウントで吐きます。

1　残っている息を全部吐き切ります。

2　「1」のカウントで、息をすばやくいっぱいまで吸います。

3　そのまま2秒間停止します。
4「1から40」のカウントで、口から息をなめらかに吐いていき、最後まで吐き切ります。
5　すぐにステップ12に移ります。

ステップ12
　1カウントで吸って50カウントで吐きます。
1　残っている息を全部吐き切ります。
2「1」のカウントで、息をすばやくいっぱいまで吸います。
3　そのまま2秒間停止します。
4「1から50」のカウントで、口から息をなめらかに吐いていき、最後まで吐き切ります。
5「1」のカウントで、息をすばやく吸って終了します。

ステップ12まで終了したら、もう一度ゆっくり腹式呼吸を行い、体の緊張を取りましょう。

呼吸で大事なのは、まず「吐き切る」こと。肺を空っぽにすれば、次には嫌でも大きな息が入ってきます。

なお、吐く息のカウントを「60」「70」「80」と続けていってもかまいません。訓練を積んだ四季の俳優の中には「１００」までカウントを取れる者もいます。

開口と発声・仰臥姿勢編

腹式呼吸に合わせて声を出す練習です。

これも最初は床に横になって行います。

ステップ１

口を大きく開ける練習をしましょう。

１　仰向けに寝て、喉をあくびの状態にします。

２　口を、「ア」「イ」「ウ」「エ」「オ」の正しい形（⑧参照）で最大限まで大きく開けます。この段階では、声を出す必要はありません。

喉の奥があくびの状態になっていることが重要です。わかりにくかったら実際にあくびをしてみてください。

ステップ2

お腹で声を出してみましょう。

1　喉の奥を開けた状態で下腹をへこませ、それと同時に「ア」と声を出します。

2　同様に「イ」「ウ」「エ」「オ」と続けます。

いずれの音を出すときも、正しい口の形で最大限まで大きく開くようにします。下腹をへこませると同時に声を出すことで、「息の通り道」を感得してください。

息の吸い方・起立姿勢編

今度は立って、腹式呼吸の練習をしましょう。ここでは特に、「吸い方」について見ていきます。

劇団四季では、呼吸法のレッスンは、バレエの練習用バーにつかまって行います。バーにつかまってやや前傾姿勢をとると、まっすぐ立っている状態よりも喉が開きやすくなるからです。

オオカミなどの動物は、四本の足で踏ん張って遠吠えします。このとき、全身を共鳴させて見事な鳴き声を出します。

人間の場合も同様で、少し前傾姿勢をとったほうが喉が詰まらずに腹式呼吸のコツをつかみやすいのです。

これはおそらく、私たちの祖先が四足歩行をしていた頃の名残りでしょう。人間が二足歩行を始めたのは約四〇〇万年前と言われており、それ以前の長い期間は動物と同じように四本の足で行動していたのですから。

次の練習も、最初は手すりや椅子の背などにつかまった前傾姿勢で、続いて真っ直ぐに立ってやってみましょう。

いずれも二人一組となって行います。ここでは「A」「B」と表記します。

ステップ1

まずは、少し楽な前傾姿勢でやってみましょう。

1　Aが、手すりや椅子の背に手を置き、少し前屈みに立ちます。

2　Bが後ろから、Aの腰のあたりを掌で押さえます。
3　Aは「1」のカウントで息をいっぱいまで吸います。そのとき、腰を押さえたBの掌を押し返すように胴回りを膨らませ、息を吐いていきます。
4　3を何度か繰り返します。
5　AとBが交代し、同様に行います。

ステップ2
今度は、自然な立ち姿勢でやってみましょう。
1　Aは、体はリラックスしながらも下腹（丹田）に重心を感じる状態で、自然に立ちます。
2　Bが後ろから、立ったAの腰のあたりを掌で押さえます。
3　Aは「1」のカウントで息をいっぱいまで吸います。そのとき、腰を押さえたBの掌を押し返すように胴回りを膨らませ、息を吐いていきます。
4　3を何度か繰り返します。
5　AとBが交代し、同様に行います。

二人でできないときは、自分の手を腰に回して押さえながらやっても結構です。

発声法

これまで行ってきた呼吸法に、「発声」を加える練習です。長く息を吐きながら、そこに正しい発音を乗せていきます。劇団四季の稽古場には、この特訓を行う研究生たちの声が毎朝響いています。

まずは、もう一度、⑧で学んだ口の形を確認しておきましょう。

「ア」「イ」「ウ」「エ」「オ」の母音の形が正しくできれば、あとの音はそれらに子音を乗せるだけです。

普段会話するときのような自然な立ち姿で行っても、手すりや椅子の背などにつかまって少し前傾姿勢をとってもいいでしょう。

この練習では、私たちが「レギュラー表」と呼んでいるものを使います（**表⑪**）。やり方を覚えたらレギュラー表だけを見ながら行ってください。

⑪レギュラー表

アイウエオ
カキクケコ
サシスセソ
タチツテト
ナニヌネノ
ハヒフヘホ
マミムメモ
ヤイユエヨ
ラリルレロ
ワイウエヲ

イウエオア
キクケコカ
シスセソサ
チツテトタ
ニヌネノナ
ヒフヘホハ
ミムメモマ
イユエヨヤ
リルレロラ
イウエヲワ

ウエオアイ
クケコカキ
スセソサシ
ツテトタチ
ヌネノナニ
フヘホハヒ
ムメモマミ
ユエヨヤイ
ルレロラリ
ウエヲワイ

エオアイウ
ケコカキク
セソサシス
テトタチツ
ネノナニヌ
ヘホハヒフ
メモマミム
エヨヤイユ
レロラリル
エヲワイウ

オアイウエ
コカキクケ
ソサシスセ
トタチツテ
ノナニヌネ
ホハヒフヘ
モマミムメ
ヨヤイユエ
ロラリルレ
ヲワイウエ

ステップ1

「ア行」の発音練習をします。

下腹を一度へこませると同時に、以下を一音ずつスタッカートで声に出します。

アイウエオ　イウエオア　ウエオアイ　エオアイウ　オアイウエ

一音のたびにお腹をへこませること、あくびの喉を保つことを忘れずに。

ステップ2

1行をワンブレスで声に出します。

1　残っている息を全部吐き切ります。

2　「1」のカウントで、息をすばやくいっぱいまで吸います。

3　一音一音最大限に口を開けて、「アイウエオ　イウエオア　ウエオアイ　エオアイウ　オアイウエ」と声に出します。途中、息は吸いません。

4　最後までいったら、「1」のカウントで鼻から息をすばやくいっぱいまで吸って終わります。

ステップ3

2行をワンブレスで声に出します。

1　残っている息を全部吐き切ります。

2　「1」のカウントで、息をすばやくいっぱいまで吸います。

3　一音一音最大限に口を開けて、「アイウエオ　イウエオア　ウエオアイ　エオアイウ　オアイウエ」を声に出して2回言います。途中、息は吸いません。

4　2回めの最後までいったら、「1」のカウントで息をすばやくいっぱいまで吸って終わります。

ステップ4

3行をワンブレスで声に出します。

1　残っている息を全部吐き切ります。

2　「1」のカウントで、息をすばやくいっぱいまで吸います。

3　一音一音最大限に口を開けて、「アイウエオ　イウエオア　ウエオアイ　エオアイウ　オアイウエ」を声に出して3回言います。途中、息は吸いません。

4　3回めの最後までいったら、「1」のカウントで息をすばやくいっぱいまで吸って終わります。

ステップ5
4行をワンブレスで声に出します。
1　残っている息を全部吐き切ります。
2　「1」のカウントで、息をすばやくいっぱいまで吸います。
3　一音一音最大限に口を開けて、「アイウエオ　イウエオア　ウエオアイ　エオアイウオアイウエ」を声に出して4回言います。途中、息は吸いません。
4　4回めの最後までいったら、「1」のカウントで息をすばやくいっぱいまで吸って終わります。

ここまでは、呼吸法に合わせて母音を発音してきました。
ステップ6からは、「カ行」以降も練習していきましょう。

ステップ6

ステップ1と同様に、「カ行」から「ワ行」までの発音練習をします。

下腹を一度へこませると同時に、以下を一音ずつスタッカートで声に出します。

カキクケコ　キクケコカ　クケコカキ　ケコカキク　コカキクケ

サシスセソ　シスセソサ　スセソサシ　セソサシス　ソサシスセ

タチツテト　チツテトタ　ツテトタチ　テトタチツ　トタチツテ

ナニヌネノ　ニヌネノナ　ヌネノナニ　ネノナニヌ　ノナニヌネ

ハヒフヘホ　ヒフヘホハ　フヘホハヒ　ヘホハヒフ　ホハヒフヘ

マミムメモ　ミムメモマ　ムメモマミ　メモマミム　モマミムメ

ヤイユエヨ　イユエヨヤ　ユエヨヤイ　エヨヤイユ　ヨヤイユエ

ラリルレロ　リルレロラ　ルレロラリ　レロラリル　ロラリルレ

ワイウエヲ　イウエヲワ　ウエヲワイ　エヲワイウ　ヲワイウエ

一音のたびにお腹をへこませること、あくびの喉を保つことを忘れずに。

ステップ7

「カ行」から「ワ行」まで、1行ずつワンブレスで声に出します。
1　残っている息を全部吐き切ります。
2　「1」のカウントで、息をすばやくいっぱいまで吸います。
3　一音一音最大限に口を開けて、「カキクケコ　キクケコカ　クケコカキ　ケコカキク　コカキクケ」と声に出します。途中、息は吸いません。
4　最後までいったら、「1」のカウントで息をすばやくいっぱいまで吸って終わります。
これを「サ」行以降も同様に行います。

ステップ8
「ア行」から「タ行」までをワンブレスで声に出します。
1　残っている息を全部吐き切ります。
2　「1」のカウントで、息をすばやくいっぱいまで吸います。
3　一音一音最大限に口を開けて、以下を声に出します。途中、息は絶対に吸いません。
アイウエオ　イウエオア　ウエオアイ　エオアイウ　オアイウエ
カキクケコ　キクケコカ　クケコカキ　ケコカキク　コカキクケ

サシスセソ　シスセソサ　スセソサシ　セソサシス　ソサシスセ
タチツテト　チツテトタ　ツテトタチ　テトタチツ　トタチツテ
4　最後までいったら、「1」のカウントで息をすばやくいっぱいまで吸って終わります。
途中で息が続かなくなったら、息継ぎせずにそこで終わります。そのような場合でも、「1」のカウントで息をすばやくいっぱいまで吸って終了します。

ステップ9
「ナ行」から「ヤ行」までをワンブレスで声に出します。
1　残っている息を全部吐き切ります。
2　「1」のカウントで、息をすばやくいっぱいまで吸います。
3　一音一音最大限に口を開けて、以下を声に出します。途中、息は絶対に吸いません。
ナニヌネノ　ニヌネノナ　ヌネノナニ　ネノナニヌ　ノナニヌネ
ハヒフヘホ　ヒフヘホハ　フヘホハヒ　ヘホハヒフ　ホハヒフヘ
マミムメモ　ミムメモマ　ムメモマミ　メモマミム　モマミムメ

ヤイユエヨ　イユエヨヤ　ユエヨヤイ　エヨヤイユ　ヨヤイユエ

4　最後までいったら、「1」のカウントで息をすばやくいっぱいまで吸って終わります。

ステップ10

「ラ行」から、戻って「カ行」までをワンブレスで声に出します。

1　残っている息を全部吐き切ります。

2　「1」のカウントで、息をすばやくいっぱいまで吸います。

3　一音一音最大限に口を開けて、以下を声に出します。途中、息は絶対に吸いません。

ラリルレロ　リルレロラ　ルレロラリ　レロラリル　ロラリルレ

ワイウエヲ　イウエヲワ　ウエヲワイ　エヲワイウ　ヲワイウエ

アイウエオ　イウエオア　ウエオアイ　エオアイウ　オアイウエ

カキクケコ　キクケコカ　クケコカキ　ケコカキク　コカキクケ

4　最後までいったら、「1」のカウントで息をすばやくいっぱいまで吸って終わります。

ステップ11

「サ行」から「ハ行」までをワンブレスで声に出します。
1　残っている息を全部吐き切ります。
2　「1」のカウントで、息をすばやくいっぱいまで吸います。
3　一音一音最大限に口を開けて、以下を声に出します。途中、息は絶対に吸いません。
サシスセソ　シスセソサ　スセソサシ　セソサシス　ソサシスセ
タチツテト　チツテトタ　ツテトタチ　テトタチツ　トタチツテ
ナニヌネノ　ニヌネノナ　ヌネノナニ　ネノナニヌ　ノナニヌネ
ハヒフヘホ　ヒフヘホハ　フヘホハヒ　ヘホハヒフ　ホハヒフヘ
4　最後までいったら、「1」のカウントで息をすばやくいっぱいまで吸って終わります。

ステップ12
「マ行」から「ワ行」までをワンブレスで声に出します。
1　残っている息を全部吐き切ります。
2　「1」のカウントで、息をすばやくいっぱいまで吸います。
3　一音一音最大限に口を開けて、以下を声に出します。途中、息は絶対に吸いません。

マミムメモ　ミムメモマ　ムメモマミ　メモマミム　モマミムメ
ヤイユエヨ　イユエヨヤ　ユエヨヤイ　エヨヤイユ　ヨヤイユエ
ラリルレロ　リルレロラ　ルレロラリ　レロラリル　ロラリルレ
ワイウエヲ　イウエヲワ　ウエヲワイ　エヲワイウ　ヲワイウエ

4　最後までいったら、「1」のカウントで息をすばやくいっぱいまで吸って終わります。

ここまでで、「ア行」から「ワ行」まで計一回行ってきました。

ステップ11は、ほかのステップと比べて特に厳しく感じたのではないでしょうか。実は、「サ行」と「ハ行」は音と一緒に出す息の量が、ほかの行より多いのです。それが両方とも入っているステップ11は、まさに心臓破りの丘というところです。

各ステップは、最初のうちはそれぞれ別々に練習してもかまいません。慣れてきたら、ステップ8からステップ12まで続けてやってみましょう。

ただし、息を続かせることも大事ですが、一音一音をはっきり発音することも、それに劣らず重要なことです。焦らずに丁寧に練習してください。

健康法としても活用しよう

ここで紹介してきた呼吸法は、そのまま健康法としても使えます。新鮮な空気をたくさん取り込むために、呼吸は「深いほどいい」ということは、多くの人が理解しているはずです。

ところが、実際には浅い呼吸をせわしなく繰り返しているのが現代人。肺はいつも中途半端な量の空気が入っている状態です。

繰り返しますが、呼吸で重要なのは「吐き切る」ことです。肺を空っぽにすれば、次には嫌でも大きな息が入ってきます。

息を吐き切ってから大きく吸う。これを繰り返していれば、肺の中はたびたび新鮮な空気で満たされます。それによって心肺機能が高まり、血行も良くなることは明らかでしょう。

また、前述したように、胸式呼吸は交感神経を、腹式呼吸は副交感神経を刺激します。特に息を「吐く」ときに副交感神経が優位になります。

劇団四季で教える呼吸法は、そのほとんどが吸う息よりも吐く息を長くとっています。これによって副交感神経が優位な時間が長くなり、心身共にリラックスできます。

朝起きてすぐに、仕事の合間に、夜寝る前に……と、時間があるときに少しだけでもやってみてください。

第四章　フレージング法——言葉はどこで切るべきか

イメージや想念の流れを読む

「母音法」や「呼吸法」と違って、これから紹介する「フレージング法」は文学的要素が強くなり、やや高度な内容になります。

読者のみなさんがフレージング法を主に活用できるのは、子どもに本を読み聞かせるときや朗読、プレゼンテーションやスピーチで原稿を読み上げるときなどでしょう。それらのケースでは、「書かれた文章を話して伝える」という作業が必要になるからです。

読み書きする言葉と話す言葉の大きな違いは、どこでフレーズを切るかということにあります。あなたが自分のために本を読んでいるとき、どこで切ろうがそれはあなたの自由です。読み進めていてわかりにくいところがあったら、数行戻ればいいだけの話です。

しかし、人に話して伝えるとなるとそうはいきません。しゃべっている内容が相手によくわかるように、切る場所を考えなければなりません。

テレビのニュースキャスターは、臨時ニュースが入ったときに書かれたばかりの原稿を読み上げることがあります。そのとき、ぼんやり聞いていてもニュースの内容がよくわかるキャスターと、そうでないキャスターがいます。この違いは、急に与えられた原稿について、意味を咀嚼してフレーズを切っているか、自分が読みやすいところで切っているかにあります。

フレーズをどこで切るかということを、私たちは「折れ」と呼んでいます。セリフの中にあるイメージや想念の流れを読み込み、その変化する部分を折り、折ったフレーズをどう語るかを考える技術が「フレージング法」です。これができるかどうかで、伝わり方や説得力がまるで違ってくるのです。

もっとも、普段おしゃべりをしているときは、私たちは自然に折るべきところで折っています。問題は、書かれた文章を読むときです。

句読点で折ってはならない

書かれた文章を読むとき、句読点に従ってフレーズを切ればいいと考えている方も多いようですが、それは大きな間違いです。

「。」や「、」といった句読点は、文章を目で読みやすくするために用いられます。

たとえば、「だらだらととりとめもなく」などと平仮名が続いた場合、「だらだらと、とりとめもなく」と、途中に読点を打ったほうが読みやすくなります。漢字が続いた場合も同様です。「皆目見当がつかない」よりは、「皆目、見当がつかない」としたほうが、目で追ったときの理解はしやすいでしょう。

また、読点には、ある言葉がどこにかかっているのかを明確にする役割もあります。「美しい私の伴侶」と言ったときに、「美しい」が誰を表現しているのか。「美しい、私の伴侶」とするか「美しい私の、伴侶」と書くかによってそれが明確になります。

だから、「書く」ときに句読点は必須です。

しかし、句読点というのはあくまで記号に過ぎません。「話す」ときにまで記号に従うというのはバカげています。

話すときには、イメージを伝えることが最優先となります。

俳優は、戯曲のセリフを目で読んで口で話して伝えます。長いセリフの中には、いくつかのイメージ（意味合いとでも言ったらいいでしょうか）が含まれています。しかし、句読点は必ずしも、そのイメージごとに打たれてはいません。セリフの内容を理解し切れていない勉強不足の俳優は、句読点でフレーズを折ってしまうため、正しいイメージが観客に伝わらなくなります。

あなたが何かの文章を誰かに向けて読み上げるときには、句読点に惑わされないでください。大事なのは、イメージです。

劇団四季の「セリフ」八カ条

私が劇団員に向けて、「折れ」を踏まえたうえでのセリフの話し方について説明をするとき、次の八カ条を伝えるようにしています。

1 そのセリフで、何を語らねばならないかを確かめる。
2 そしてそのセリフが、どういう構成になっているかを確かめる。
3 その変化の構造を、カギカッコで囲む（これを折れという）。
4 お腹の呼吸と、折れの変化を連動させ、母音のみでしっかり話す。
5 次に子音を加え、自然に自然に、話しコトバとして語る。
6 その際、決して入れてはならないのが「感情」である。
7 セリフは感情を話すものではなく、「コトバ」のニュアンス（イメージ）を語るものである。
8 その発想された「折れ」に、自分独特の感性、感覚を反映させるのが「個性あるセリフ」である。

ずいぶんと難しいことを言っているようですが、要するに、論理的にセリフの切れ目を考えて、それを観客が受け入れやすい形で明晰に伝えようじゃないかということです。

この「折れ」に基づいて、俳優が息継ぎをするタイミングも決まってきます。息が足りなくなったから吸うのではなく、折れのしかるべき場所で、腹・背筋を深く使った「呼吸法」で息を取ります。

折るポイントが来たら、まだ息が余っていても、そこで思いっきり息を取ります。それによって、次のポイントまで余裕をもって明晰なセリフがしゃべれるのです。

シェイクスピアで考える「折れ」その1

具体的な材料を使って、「折れ」について一緒に考えてみましょう。

日本を代表する翻訳家であり、劇作家である福田恆存が訳したシェイクスピアの『リチャード三世』という戯曲には、次のようなセリフがあります。

やっと忍苦の冬も去り、このとほり天日もヨークの身方。あたり一面夏の氣に溢れてゐる。

このセリフを句読点のままに折ると、
「やっと忍苦の冬も去り」（i）
「このとほり天日もヨークの身方」（ii）
「あたり一面夏の氣に溢れてゐる」（iii）
と三つのフレーズに分かれます。
四季以外の劇団の俳優に語らせたら、おそらく、多くがこの通りに折るでしょう。
しかし、ここで大切なことは、「折れ」とはエモーション（感情）の折れではなく、セリフの背後にあるイメージ、あるいはイデエ（想念）の折れでなくてはならないということです。
俳優は、そのセリフが戯曲全体の中で果たす役割や、作家が込めたイデエを考えながら折っていかなければなりません。感情にまかせてセリフをしゃべると、作家のメッセージやニュアンス、何より言葉のイメージが伝わらなくなってしまうからです。
前後にあるセリフのイメージが連続するようなケースでは、折らずに一気に話さなければなりません。

さきほどの『リチャード三世』の例で言うなら、（ⅰ）と（ⅱ）のイメージはつながっているので折らずに続けます。（ⅱ）と（ⅲ）の間にはイメージの切れ目があるので、折って（ⅲ）を独立させるといいのです。

つまり、以下のようになります。

やっと忍苦の冬も去り、このとほり天日もヨークの身方。
あたり一面夏の氣に溢れてゐる。

（ⅰ）、（ⅱ）、（ⅲ）の各フレーズの先頭に記した「折れ線」が、「折れ」の記号です。四季の俳優は皆、この表記で、「折る」部分を示します。そして、（ⅰ）（ⅱ）の間にある「コ」形状の記号が、「前後を繋げて発音する」という指示を与えるものです。四季ではこれを「リエゾン」と呼んでいます。この名称はフランス語の文法から採ったもので、リエゾンとは、「je vous aime」（ジュブゼーム）のような場合に、通常発音されない「vous」の「s」が、「aime」の語頭母音「a」と連結して発音されることを言います。

句読点の通り三つのフレーズに折った場合と、この二つのフレーズに折った場合でどのように違うか。あなたも俳優になったつもりでセリフをしゃべってみてください。

シェイクスピアで考える「折れ」その2

もう一つ、シェイクスピアの戯曲を例にとって見ていきましょう。

以前私は、劇団民藝の『ヴェニスの商人』を演出したことがあります。そのときも、シャイロックを演じてくれた滝沢修さんと一緒に、一つひとつのセリフについて丁寧に折れを考察していきました。

『ヴェニスの商人』の中に、自分の娘ジェシカが駆け落ちをしてジェノバに居ることを、シャイロックが知る場面があります。

永年の友人であるテュバルが、ジェノバで目撃した様子をシャイロックに告げに来ます。それによると、娘ジェシカは市場で指輪を猿と交換していたというのです。

その指輪は、シャイロックが奥さんにプレゼントしてもらった思い出深い品。それを娘が持ち出して猿と交換してしまった。

そんな場面に、次のようなシャイロックのセリフがあります。

あれは女房のリアに貰ったやつだ、まだ若かったときにな。それをくれてやるなんて犬にでも喰われてしまえ。

私はまず、「あれは女房のリアに貰ったやつだ」を第一のフレーズとしました。そして、そこに「若い妻のイメージがよぎる」と注釈をつけました。シャイロックの瞳の中に、美しく若かった妻のイメージがすーっとよぎってもらいたかったのです。

次に、「まだ若かったときにな」を第二のフレーズとし、ここでは子どもの頃からの友人テュバルと悪戯盛りだった青年時代のような交流をしてもらおうと考えました。たとえば、目配せをしてもらおうと。

第三のフレーズ「それをくれてやるなんて」では、根底から怒りがわき上がって来る状態です。

そして、第四のフレーズ「犬にでも喰われてしまえ」。これは怒号でもいいでしょう。

こうして、一つのセリフを四つのフレーズに折り、それぞれにイメージを当てていく作業を論理的に行っていきました。

すべてのセリフについてこれをやっていくのですから、相当な根気と体力を要します。しかし、この作業を徹底して行わないと「折れが甘い」セリフになってしまいます。俳優が、セリフの裏にあるものを深く考えないでしゃべってしまうことになるのです。

平幹二朗とフレージング法

劇団四季の舞台には、外の劇団やフリーランスの俳優が出演することがあります。そのときも、劇団員と同じやり方で稽古をしてもらいます。

フレージング法について、私があまりにも論理的かつ徹底的にやるものだから驚く人もいますが、やっていくうちにセリフの深みがまったく違ってくることを誰もが理解してくれます。

平幹二朗君は、劇団四季のメソッドをあらゆる舞台において活用している一人です。

彼は、広島から出てきて俳優座養成所に入り、広島訛りに苦労しながらも持ち前の才能と努力で若手のホープとしての地位を確立していきました。

そんな彼が、俳優座に在籍しながら、ジャン・ラシーヌの『アンドロマック』で四季の舞台に出演したのが一九六六年のこと。この作品は、完成して間もない日生劇場で上演さ

⑫『アンドロマック』（平幹二朗、市原悦子）

れました。

『アンドロマック』で私は、「若い自分たちの世代で新しい朗唱術を駆使できる舞台をつくりたい」という思いを強く持っていました。

その思いは、彼をはじめ、共演の市原悦子君、渡辺美佐子君、日下武史君といった俳優陣にも届いたようです。

私はこのとき、彼らとともに徹底的にセリフの分析を行いました。四人の前に音楽演奏で使う譜面台を置いて、そこに台本を立てかけました。台本を机の上に置くと、どうしても顔が下を向いて俳優の声が下に行ってしまうからです。

お互いの声が前に出るようにしながら、セリフの裏にあるイメージを捉え、「折り」を決めていくという作業を、四人が四人、ほかの人の分まで全部、確認し合いながら行ったのですから大変でした。しかし、このときの稽古によって、彼ら俳優も私自身も「セリフを掘り下げ、その裏にあるものまでを観客に届ける」ためのフレージング法は非常に有効であるという手応えを感じることができました。

それから二年後の一九六八年、平幹二朗君は俳優座を退団。四季の団友という立場で、シェイクスピアの『ハムレット』で主役を演じています。劇団四季創立一五周年を記念する大きな公演でした。

シェイクスピアの作品は、セリフが膨大です。それをフレージング法で一つひとつ論理的に分析するという作業を、彼と一緒に深夜まで行ったことが昨日のことのように思い起こされます。

その後も、彼はたくさんの四季の舞台に出演し、最近では二〇一一年、『ヴェニスの商人』のシャイロック役、今年二〇一三年には『鹿鳴館』で影山伯爵役を演じました。

そのとき、彼は、かつて私やほかの役者たちと行ってきたフレージング法こそ、自分の土台になっていると語っています。

「浅利さんの演出の魅力というのは、非常に芸術至上主義的で、言葉の力とイメージを最大に生かしているところだと思います。台本に書かれたセリフを、一つの表現ごとにチェックしていくフレージングという作業を、ものすごく厳密に行います。そして、そのフレーズで語られている意識の流れについて、とことん突き詰めていく。それは、すごく厳しいと同時に、とても刺激的で新鮮な方法論でした。それ以来、今でも、誰の演出の舞台に出演するときでも、浅利さんから学んだ方法を取り続けています」

言葉に対する想像力を持て

おそらく、読者のみなさんは感じたことでしょう。「フレージング法って、何となくわかるようでいて、実際にはなかなか難しいな」と。

劇団四季のベテラン俳優にとっても、セリフの折れを捉えることは容易ではありません。フレージング法を正しく行うためには、言葉に対する想像力と豊かなイメージを持つ力が必要です。

現代人はもっともっと読書をすべきでしょう。俳優に限らず、文学的素養を備えることは非常に重要です。ある一つの言葉を輝かせるのも、つまらない単語として終わらせるのも、それを語る人の文学的素養次第なのです。

日下武史君は、「言葉に対するイメージに嘘をつかないように話すということが何より大事だ」とよく後輩たちに言っています。私も、その通りだと思っています。しかし、そもそもその言葉に対する豊かなイメージがなければどうにもなりません。

言葉に対するイメージを育てるためには、本を読むこと以上に効果的な方法はありません。

私たちの世代には活字中毒者が多く、読書はごく日常的なことでした。若い頃から、小説はもちろん、哲学書、詩歌、戯曲、評論など手当たり次第に読んでは、自分の中でイメージを醸成したり、仲間とその内容を論評し合ったりしたものです。これが、今日の想像力のための血肉になっています。

ところが、今や人々が読書に費やす時間は激減しています。通勤電車でも本を手にしている人は稀で、多くが携帯の画面を眺めています。

何か知りたいことがあれば、インターネット検索で事足りるから、専門書などを読み込んで理解するということもしません。本人は、それで「情報収集に長じている」と思っています。

こうした情報への接し方に慣れてしまった人たちは、自分で文章を読み込み、掘り下げることが苦手です。想像力や論理、深い想念を育てるための、脳で汗をかくような読書という作業ができないのです。

若い世代に読書の強要はできませんが、劇団四季においては、言われるまでもなく多くの書物に親しんでいる人が圧倒的です。俳優修業には、肉体の鍛錬だけでなく、日々、見聞を深め自分を磨く精神や知性、感性、そしてイメージを生む脳の訓練も必要不可欠なのです。

それは、「美しい日本語を話し、自分の思いを正しく伝えたい」と考えているあなたにとっても同様です。読書によって、言葉に対する想像力と豊かなイメージを持つ力を育ててください。

第五章　劇団四季の歴史——言葉に対する探求の積み重ね

三島由紀夫『鹿鳴館』とセリフ

ここまで、明瞭なセリフを話すために劇団四季が用いているメソッドを、一般のみなさんに役立ててもらえるように噛み砕いて説明してきました。少しくどかったですね。

しかし四季の俳優には、これらを日頃から口が酸っぱくなるほど厳しく伝えています。彼らは日々、この方法論と向き合い、舞台に立つのです。そうした言葉に対する追求こそが劇団四季の歴史であり、本書で紹介したメソッドを確立するにいたったモチベーションのすべてだと言ってもいいでしょう。

最後の章では、演劇という芸術とともに歩んできた私たちの足跡を、簡単に辿ってみることにしましょう。

劇団四季創立間もない頃から交流のあった三島由紀夫さんは、いつも「演劇とは、文学を立体化した芸術だ」と言っていました。

演劇の解釈は人によって無限にあります。俳優が不可解な言動をとったり聞き取りにくいセリフを怒鳴って、それを「芸術だ！」とする人たちもいます。しかし、劇団四季は一貫して、文学である戯曲の言葉を俳優の声を通して観客に伝えることこそ最重要なのだと考えてきました。

三島由紀夫さんは、そうした四季の姿勢に共感してくれる作家の一人でした。

彼の傑作『鹿鳴館』は、明治一九年一一月三日の天長節に、社交場「鹿鳴館」で開催された大夜会を舞台に政治の渦に翻弄される男女四人の悲劇が描かれた作品です。一九五六年、文学座のために書き下ろされました。

この作品について、彼は後にこう述べています。

⑬『鹿鳴館』（撮影：上原タカシ）

「筋立は全くのメロドラマ、セリフは全くの知的な様式化、という点に狙いがあるので、特にセリフにすべてがかかっている以上、セリフの緊張がゆるめば、通俗的なメロドラマしか残らない」（劇団新派プログラム・一九六二年）

「この芝居はいわば、私のはじめて書いた『俳優芸術のための作品』である。（中略）私が筆をおいたところから俳優という最も抽象的な芸術家が活動を始め、俳優芸術という最も抽象的

な芸術がその目ざましい純粋運動を開始するように私はこの芝居を仕組んだつもりである」（毎日新聞大阪・一九五六年）

三島由紀夫さんが自ら述べているように、『鹿鳴館』の言葉は知的に様式化され、張り詰めた緊張感が全体を貫いています。

『鹿鳴館』は、多くの演劇団体によって上演され、劇団四季では二〇〇六年に自由劇場で初演を迎えました。日下武史、野村玲子といった四季を代表する俳優陣を集結させ、三島文学の魅力、言葉の美しさ、豊穣さに真正面から向き合いました。幸いなことにその舞台は圧倒的な評価を得て、ストレートプレイとしては異例の半年にも及ぶロングランとなりました。

劇団四季創立六〇周年を迎えた今年二〇一三年には、平幹二朗を迎えて再演しました。

この作品の輝きは、朗唱術に卓越した技術を持ち、明晰に言葉を奏でることができる俳優によってのみ、観客に伝えることができます。いたずらに感情の表現を前に出して、言葉を二の次にしては、とうてい無理です。

それは、三島由紀夫さんの戯曲に限ったことではなく、すべての演劇作品において言えることです。

演劇の感動を生む八割の力は、書かれた戯曲の言葉の中にあります。

演出家や俳優の存在は、残りの二割にすぎません。俳優の最も大事な仕事は、そして唯一の仕事は、台本に書かれたセリフを一音も落とさず、正確に客席に伝えることです。文学である戯曲を深く理解し、そのイメージを自分の実在感で裏打ちして観客に語りかけること。それ以外に俳優に必要なことはありません。

そのため、四季では言葉の教育に心血を注いできたわけです。

新劇のナルシシズム

長くこの仕事をしてきて思うのは、日本語で演じる海外ミュージカルも、オリジナルの日本語ミュージカルも、観客にとって特に大きな違いはないということです。

海外の作品であっても、日本人の感性にかなう状況設定や、親しみやすいセリフや話し方があれば、それは自然に観客の心に入っていきます。たとえ、舞台が三〇〇年前のアフリカという設定であっても、観客に「わかる」ものにすることで、共感し感動を得てもらうことができます。

ところが、新劇はその努力をしてきませんでした。

外国人の感情風土から生まれるものを日本的な感情に無理に置き換え誇張しているため、新劇のセリフは東洋でも西洋でもない奇妙な表現になってしまいました。

しかも、俳優が勝手な感情移入をして、ナルシシズムを発揮するものだからたまりません。その結果、日本語にはありえないおかしな言い回しや音などが生まれ、非常に聞き取りにくいし、観客は現実味を持って入り込めません。つまり、「わからない」芝居を続けていくことになったのです。

翻訳劇ではセリフの感情的側面の誇張を避けて、劇の主題や骨子につながるイデエを正確に表現し、原文のイメージを可能な限り抵抗のない日本語の中に生かしていくしかありません。

私は、日常の生活の中で語られる日本語というものを具体的に見つめ直し、考え直すということをやってみたかったのです。

演出家にとって、面白おかしく見せる演出のテクニックは、むしろ簡単なことです。一つひとつの作品の演出スタイルに工夫をこらすことよりも、言葉に対する探求の積み重ねという仕事のほうがはるかに大事なことだと思い、劇団四季創立以来、私はこの課題に取り組んできました。

「四季節」という侮辱

新劇出身の俳優には、演技をセリフではなく「感情」を表現するものだと勘違いしている人が今でもいます。彼らは総じてオーバーアクションで、肝心のセリフが聞き取りにくく、相変わらず観客不在の芝居をしています。

「観客に聞き取りやすく」ということを第一に考えてきた私は、歌手志望だろうとダンサー志望だろうと、俳優たちには徹底して日本語の発音訓練を課してきました。だからこそ、今日多くの観客から支持を得ることができているのだと思っています。

しかし、ここにいたるまで、多くの「演劇評論家」が、観客とは逆の評価をしてきました。聞き取りやすい四季の俳優のセリフを「四季節《ぶし》」と揶揄したのです。

彼ら評論家は、「観客にはわからなくていい」とでも言わんばかりの高みに立ち、新劇のおかしなセリフのほうが高い表現のための努力があり、高尚であるかのような姿勢を示しました。

今、「四季節とは」と聞かれたら、「リアリティのある日本語という意味でしょう」と答えます。

劇団四季の歴史は、言葉に対する真摯な研究と、それに対する見当違いな批評との戦いであったと言ってもいいでしょう。私たちは、新劇界に蔓延する病、つまり観客にわかりにくい言葉を平気で話していることに抵抗し続けてきたわけです。

「演劇運動としての劇団四季の仕事は、この不自然な言葉を否定し、リアリティのある言葉を発見すること、いわゆる新劇調の台詞まわしを打破するということが、最大の眼目とも言える」

「これから十年先、あるいは二十年先の観客が、どちらを認め、どちらを愛するか、つまり、どちらの芝居が大当りをとるか、答えはこれを待つしかない」

「われわれはこの作品、劇団創立以来つねに上演を願ってきて果せなかったこの感動的な作品を、四季節がどう演じるかを是非お目にかけたいと思っている。四季節によってしか、こうした作品の魅力は表現し得ないのだ、もし観終ってそう思ってくださるお客様が一人でも多ければ、それだけわれわれの未来の演劇は実現に近づいてゆく」

これは、四季が一九五八年に上演したジャン・ジロドゥ作『ジークフリート』のパンフレットに認《したた》めた一文です。あれからずいぶんと長い歳月が経ちましたが、どうでしょうか。はっきりした答えを得ることができたと思っています。

顧客満足度ナンバーワンに

現在、劇団四季は、俳優、技術スタッフ、営業スタッフ合計約一二〇〇名で組織された、世界的に見ても最大規模の演劇集団に成長しました。

日本国内に八つの専用劇場を持ち、ストレートプレイ、オリジナルミュージカル、海外ミュージカルなど幅広いレパートリーの演目を上演しています。

今では年間の総公演回数は三〇〇〇回以上、総観客数は三〇〇万人を超えています。ここまで来ることができたのは「四季を応援してくださるお客様がいるから」。これしかありません。

サービス産業界を横断して利用者の評価を比較・分析しているサービス産業生産性協議会から発表される「ＪＣＳＩ（日本版顧客満足度指数）」で、劇団四季が三年連続総合トップの座につきました（**表⑭**）。この調査対象は、シティホテル、レジャーイベント、衣料品専門店、コンビニエンスストアなど三一業界、約四〇〇社に及びます。そこで高い評価を得られたことは、私たちの大きな自信となっています。劇団四季の目指してきた方向は間違っていなかったのだと。

⑭ JCSI（日本版顧客満足度指数）

順位	点数	企業・ブランド名	業界名
1	86.2	劇団四季	レジャーイベント
2	85.7	東京ディズニーリゾート	レジャーイベント
3	83.6	オルビス	通信販売
4	82.6	帝国ホテル	シティホテル
5	82.0	Joshin web	通信販売
6	81.7	FANCL online	通信販売
7	81.6	ザ・リッツ・カールトン	シティホテル
8	81.5	ホテルオークラ	シティホテル
9	80.9	アマゾン	通信販売
10	80.4	ドーミーイン	ビジネスホテル
11	80.3	都道府県民共済	生命保険
12	80.0	ロイヤルパークホテル	シティホテル
13	79.8	ハイアットホテル	シティホテル
14	79.7	リッチモンドホテル	ビジネスホテル
15	79.6	宝塚歌劇団	レジャーイベント
16	79.4	ヨドバシ.com	通信販売
17	79.3	通販生活	通信販売
18	78.7	スーパーホテル	ビジネスホテル
		丸亀製麺	飲食
20	78.6	シンガポール航空	国際航空

※ 2012年度調査の上位20社

劇団四季は、創立以来変わることなく、観客に認めてもらえる良質の舞台作品を送り出すということに徹してきました。

私たちは、いつの時代も、その時代の日本を生きる日本人に、劇的感動を与え得る作品をつくり出そうとしてきました。数々の作品を通してお伝えしたかったのは「人生は生きるに値する」ということです。そして、それを伝えるための中核をなす要素がセリフ、すなわち「言葉」であったのです。

四季のルーツ

ジャン・ジロドゥとジャン・アヌイという二人のフランス現代劇作家に魅了された、慶應義塾大学と東京大学のフランス文学科の学生を中心とした一〇人。そのメンバーが、「演劇界に革命を起こす」という高い志をもって集まったのが、劇団四季の始まりです。

プロの俳優は藤野節子一人。会社勤めをして定収を得ていたのは井関一だけでした。

正式な創立日は一九五三年七月一四日。七月一四日を選んだのは、その日がフランス革命記念日だったからです。

資金は一人一〇〇〇円の持ち寄り。当時の一〇〇〇円は、今の五万円くらいでしょう。

⑮劇団初期の稽古風景

貧乏学生ばかりですから、一〇〇〇〇円とて工面するのが大変な状況でした。

劇団四季という名は、文学座の有名俳優であり、恩師加藤道夫先生の友人であった芥川比呂志さんのアドバイスによってつけられました。最初は、大好きだったイギリス詩人T・S・エリオットの代表作『荒地』から取って、「劇団荒地」にしようと考えていたのですが、「君たちが四〇代になったとき、『荒地』では様にならないだろう」と芥川さんは仰言り、「四季」という名を薦めてくださったのです。

「フランス語で四季とは『キャトル・セゾン』だ。これには八百屋という意味もある。八百屋は季節ごとに新鮮なものを出すからだ。君たちも一年に四本ぐらい、フレッシュな舞台をお客様に提供するような集団を目指しなさい」

芥川比呂志さんのこのアドバイスを胸に刻み、私たち「劇団四季」はスタートしました。

私の中の言葉のルーツ

私事ですが、私の大叔父は、歌舞伎俳優の二代目市川左團次です。古い写真には、大叔父の膝に乗せられた幼い頃の私が映っています。二、三歳の頃でしょうか、私は大叔父の家に預けられていました。

⑯大叔父・二代目左團次と

このような話をなぜするのかといえば、もしかすると、私の言葉に対する意識は、左團次ら歌舞伎の正しき伝統に触れていたからこそ芽生えたものではないかと思うからです。

以前、二代目の尾上松緑さんが「左團次さんのセリフはこんな調子だったよ」と真似てくださったことがあります。それによるといわゆるハイピッチな歌舞伎の方ではなく、低いトーンの中に格調をつくる、不思議に知的で、そして実に明晰なセリフ廻しでした。

歌舞伎をはじめ、能、狂言、文楽、これら日本の伝統的な演劇は、正しく演じられた場合、見事なまでに「セリフの明晰さ」が保たれています。

もっとも昨今の歌舞伎は少し乱れているようですが、しかし中村吉右衛門さん、片岡仁左衛門さん、坂東玉三郎さんなどは、極めて明晰にセリフを語られる。一昨年、ご逝去された中村富十郎さんもそのお一人でした。

日本人は、世界でも類を見ないほど多彩な演劇的伝統を持ち、またそれらを大事に愛好してきた民族といえます。しかし、この根底には、やはり言葉を大事にするということがあったのではないでしょうか。

ちなみに、大叔父は幼い私に、いずれは三代目左團次を継承させることも考えていたようです。結局、この大名跡そのものを受け継ぐことはありませんでしたが、その代わりに、彼が大事にした「言葉への感覚」を引き継いだのかもしれません。

私を導いてくれた恩師

私の父、浅利鶴雄は三田英児という芸名で映画スターとして活躍し、その後、松竹に入社。松竹では役員寸前まで出世しました。

ところが、突如退社し、創設間もない俳優座に演技研究生として入ります。もともと父は一九二四年に小山内薫や土方与志とともに築地小劇場を創立した六人の同人の一人です。当時は、この若い仲間たちが治安維持法で逮捕される事件が相次ぎ、彼らへの連帯感が父をそうした行動へ向かわせたのでしょう。

この父の選択は、後の私の行動に間違いなく影響を与えています。

父の松竹退社により、私たちの暮らしは一気に貧しく不安定なものになりました。この経験から私は、家族を犠牲にしながら「食えない芝居」を平気で続けていくような演劇界に対して、大きな疑念を抱くようになります。

しかしながら、私の周囲には文学に関する魅力的な材料がたくさんありました。戦時中には母方の親戚の家に疎開しており、そこでは山積みになった蔵書を片っ端から読みふけることができました。都会からやってきた私はいじめを受け続けていたので、ひとり本を読んでいるときが何よりの安らぎの時間だったのです。この幼い頃の経験が、戯曲への感性を磨いてくれたのだと思っています。

東京に戻り杉並中学に入学した私は、野球に夢中になりました。

そんな私が演劇の世界に入っていったのは、慶應義塾高校に通っていたときのことです。

当時の担任が演劇部の顧問だった深田實夫先生で、私はその方に誘われて入部したのです。慶應高校で、日本を代表する劇作家であり恩師である加藤道夫先生に出会ったことも、私の進路に大きな影響を与えました。

加藤先生は、戦時中、慶應の大学院生だった頃から戯曲を書いており、代表作『なよたけ』は、一九四四年に出征する際、後に妻となる女優、加藤治子さんへ遺書代わりに託されたとされています。

『なよたけ』はみずみずしい舞台幻想への可能性を含み、戦後傑作戯曲の一つにあげられています。のちに、四季のレパートリーの一つとなりました。

復員後、英語教師として母校である慶應高校に戻り、私たちは生徒として師加藤道夫に接する光栄に浴したのです。

もっとも、私たちが教わったのは英語ではなく、演劇に関することがほとんどでした。先生は当時の新劇の主流を占めていた自然主義リアリズム演劇の形式主義を激しく批判し、その公式的な政治主義を憎みました。つねに芸術理念をもって舞台をつくり、俳優修業をすることを求めました。

そのストイックなまでの純粋さ故に、当時の若者たちから、のちに「加藤道夫の神話」

とまで言われる敬愛を集めました。新劇の現状に満足しない多くの若者が、彼の手によって演劇の扉をくぐったのです。学生時代の私もその一人です。

手元にある『加藤道夫全集』をひもとくと、どのページにも新劇に対する警告と、若い俳優たちへの愛情に満ちた忠告があふれています。

「心配なのは君達の内面が充分に熟さないうちに公演舞台に追われ始め、未熟のままスタア芸を身につけてしまうことだ。芸人になることはたやすいが、真の芸術家になることは難しい」

「スタアになるのはいいが、銀紙ではったデコレーションのスタアでなく、無窮の空に自《おのずか》らの光を投げる本物のスタアになって呉れ給え」

旗揚げ公演と恩師の死

四季の旗揚げ公演は、一九五四年一月二二日から三日間にわたり、東京港区芝にある中労委会館で五回、上演することになりました。演目は、ジャン・アヌイ作『アルデール又は聖女』。恩師、加藤道夫と幾度となく語り合った作品です。

ところが、稽古に没頭していた前年の暮れ、加藤道夫が三五歳という若さで自ら命を絶ったことを知らされました。それは、『アルデール又は聖女』のパンフレットに彼が寄せてくれたメッセージ原稿を、妻の加藤治子さんから受け取った翌日のことでした。

『四季』の友人達

加藤道夫

数年前から僕はこの若い友人達と知り合つた。友人達はその頃から演劇を志していた。その真劍な眼差は遠い理想を追つていた。彼等は何時の間にか「四季」と云うグループを作り、演劇の実践を始めた。僕はサローヤンの「我が心高原に」やアヌイの「アンチゴオヌ」を観せて貰つたが、みんなの追い求めている光が、理想がほのみえて嬉しかつた。僕は新鮮な芽生えを感じた。正しい道を進み始めている人達だと思つた。この若者達は初めから新劇の現実を否定していた。何か自分達から生れる新しい輝きを信じていた。だからこそ僕はこの人達の行末を楽しみにしている。彼等が現在の新劇に何物も誇るに足る美点を見出し得ないとすれば、その点にこそ彼等の希望がある。生きる権利がある。やがて若い生命達は輝くであろう。花咲く時が来るだろう。そして、唯、何物か新しいもの、輝かしいものが生れゝばそれで充分なのだ。

「四季」の若い友人達はおそれを知らぬ勇気と熱情の持主でもある。今日程演劇が新しい世代に希望をかける時期はない。新しい演劇の魅惑は新しい世代の努力に待つ所大きい。この時、冒険も亦力強い一方法である。

色々な事情で暫く解散していた「四季」の友人達がまた結束を固めて、此処に初めての公演を行う、と云う。心楽しいことである。

一九五四年一月　劇団四季旗揚げ公演『アルデール又は聖女』プログラムより

加藤道夫に心酔していた私たちにとって、先生の死の衝撃は大変なものがありました。しかし、演劇を続けることによってしか恩に報いることはできないと判断、旗揚げ公演は急遽、追悼公演に形を変えることになりました。

恩師の死を惜しんででしょうか、初日の夜から雪が降り続き、千秋楽には交通機関が止まるほどの積雪となりました。それでも客席はいっぱい。大雪などものともしない、いいスタートを切ることができました。

その後も、第二回公演の『アンチゴーヌ』が大入りを博したり、第四回公演『野性の女』が新聞批評に取り上げられるなど、劇団四季はアヌイやジロドゥを演じるプロの演劇集団として認められるようになっていきます。

しかし当時、プロの演劇集団として認められることと収入とは、まったく別物でした。

私たちは情熱は溢れかえっているけれど、懐はまったく寂しいかぎりという毎日を送ることになります。

当時、劇団四季の稽古場は東京中野区の新井薬師にありました。そこから、私の自宅があった上井草まで、電車の駅にして七駅。電車賃がなくて歩いて帰ることもしょっちゅうでした。

⑰『アルデール又は聖女』

日下武史君と二人でよく通った蕎麦屋は、一番安いかけそばが一杯二〇円でした。その日も、いつものように四〇円を握りしめて行くと、なんと一杯三〇円に値上げになっているではありませんか。

結局、かけそば一杯しか注文することができず、日下君と二人で分け合って食べたことをよく覚えています。まさに、「一杯のかけそば」です。

食える劇団に

当時のメンバーの貧乏話をしたら、きりがありません。私たちはいつでもお腹を減らしていたし、飲むと言ったら安酒ばかりでした。若かったから、そうしたことも楽しめたのでしょう。

しかし、もちろん、それでいいと考えていたわけではありません。観客の支持を得られなくともよいとする自己満足の演劇をやっていたわけではないのです。

金銭的な問題が本格的な危機をもたらしたのは、劇団創立から五年ほど経ってのことでした。

その頃には、『オンディーヌ』などの公演も成功し、年間公演回数は五〇回を超え、初の地方公演も実施され、経営は安定しつつありました。

それでも、チケットを手売りしなければならない劇団員個々人の生活は苦しく、企業に就職したり結婚して辞めていく人が出てきました。みんな、年齢が二〇代半ばとなり、本当に生涯、演劇で生活していけるのかどうか、大きな不安を抱いたのは当然です。理想論だけではどうにもなりません。

それでも話し合いを重ね、何とか分裂の危機を脱した私たちは、さまざまな模索を始めました。一九六〇年には、有限会社劇団四季を創設し、月給制度を導入したりしました。公演する演目についても試行錯誤を続けました。

しかし、なかなか思うようにはいきません。なかには、大赤字を計上する公演も出てきました。アヌイやジロドゥ作品でつかんでいた観客が、別の作家の作品を演じることで離れていく者もありました。

こうした失敗を経て、私は自分の足下を見つめ直すことになりました。

「劇団を発展させるためには経済問題を無視することはできない。そのためには、切符を売る努力は不可欠である。また、失敗すれば観客はあっという間に去っていく」

これは、かつて私が、嫌悪していた新劇界に向けていたことそのものでした。このとき私は、改めて劇団の経営について本気で取り組むようになったのです。

観客がすべて

劇団四季を「食える劇団」にするために何が必要か。私は、何としてもその答えを得なければなりませんでした。しかし、その答えがとてもシンプルなものであることもわかっていました。

観客がチケットを買ってくれること。その価値がある舞台を創ること。それしかありません。

「新しい演目が出たら、また観に来たい」

「同じ演目でも、何度でも観たい」

こうして繰り返し足を運んでくださるお客様が増えることで安定した劇団経営が可能になり、劇団員の生活が安定することでより舞台に打ち込めるようになる。そうしたいいスパイラルを巻き起こすことが必要でした。

しかし、それは「巻き起こそう」として起こせるものではありません。徹底的に観客の立場になりきってみることで、初めて可能になることです。

今、劇団四季ではチケット販売システムは完全にオープンなものになっていて、インターネット経由でなら、誰でも座席表を見ながら好きな席を買うことができます。おかげさまでチケット販売に関する処理速度は飛躍的に向上し、劇団員はチケットの手売りの仕事から解放されて、本来の仕事に没頭することができています。

私の持論は「八百屋は野菜を売って生計を立てろ」というものです。演劇関係者は演劇で生活しなければならないのです。芝居をやりながら「芝居では食えない」というのは、まったくプライドのない話です。

そもそも、演劇は常に、その時代に生きる観客と共にあります。文学や絵画などは、存在そのものが時を超え、百年先でも感動を享受することができますが、演劇という実演を伴う芸術は、それができないのです。これほど同時代性が問われる芸術はありません。観客がいなければ、それは演劇として成立しない。「自分はこう思う」を押しつけてみたところで、観客の心に届かなければ意味がないことでしょう。

フランスの俳優であり演出家でもあったルイ・ジュヴェは「恥ずべき崇高さ」という言葉を遺しました。

演劇を演劇として成立させるためには、ときとして当たりをとるために時代におもねることもしなければならないかもしれない。屈辱はあるけれど、それを超えなくてはならないということです。

あるとき私は、「観客は神だ」と発言しました。あちこちから叩かれましたが、今でもその思いに変わりはありません。観客は叡智の持ち主です。観客が満足してくれたとき、初めてその演劇がいいものだったということになるのです。

「四季ばかりに客が集まって、俺たちのいい芝居に客が来ないのだから世の中が間違っている」

私たちの活動に対して、こう陰口を叩く新劇関係者がたくさんいました。

とんでもない話で、世の中の人たちの教養が劣っていたのでも、知性がないわけでもありません。大衆とは、いつでも正直に評価を下しているだけです。すなわち「つまらないから行かない」「つまらないからお金を払わない」のです。

新劇の失敗

私たちは劇団四季を創立したときから一貫して、当時の新劇界に蔓延していた左翼思想と対抗する道を選んでいます。彼らのやってきたことは、純粋に人々を感動させる舞台芸術としての演劇からほど遠いものだったからです。社会体制を攻撃する内容は、独りよがりで観客の嗜好をまったく無視したものでした。

そこで語られるセリフは、現実社会では決して使われないであろう偏向した言葉の連続だったり、逆に極端に下品なものであったりしました。要するに彼らは、一般庶民とかけ離れたところにしか芸術は存在しないと考えていたのでしょう。

繰り返し申し上げますが、「演劇」は、その時代の観客に理解され、そして支持されなければ、成立しません。

だからこそ私たちは、焦土と化した戦後日本に、本当の演劇を復活させるべく自分たちの劇団をつくりました。

一九五五年、まだ二二歳だった私は、文芸誌『三田文学』に、「演劇の回復のために」という二万字を超える論文を寄せました。

「既成劇壇の先輩のかたがた。僕らと貴方がたの間には、或る決定的な断絶があります」

「人生は人間と人間を超えるものの対立のドラマとして捉えられる。演劇はその反映であり、演劇の効用はこれの生の根源の位相を明らかにし、人に真の人生をひきうけようとする勇気を与え生き甲斐を与える秘儀のうちにあり、決してそれ以外の目的を持つものではない。全ての演劇はこの唯一の主題、自由を持っていなければならない、と。この上に立って僕らは、いささか、不遜と思われる貴方がたとの断絶を表明したのです」

私が、ここで人生の先輩である人々に対し、あえて「不遜」という言葉を使ったのは、彼らが観客に対してとった態度そのものを批判してのことです。

当時の新劇に携わる人たちの基本姿勢は、「演劇では食えない」と決めてかかるものでした。私たちのように演劇で生活を立てようとすることが、まるで間違いであるかのようなことを誰もが言いました。

しかし、これほど観客を蔑んだ態度があるでしょうか。

彼らには、自分たちが食えないのは観客の感動を得ることができていないからだという発想が抜け落ちています。それどころか、「観客はわかりはしないのだからしかたない」と考えている節さえありました。

新劇の失敗は、左傾化したイデオロギーを振りかざし、観客の存在を軽視したことにあります。「わからなくてもいい」と、ただセリフを得々と語り、自己陶酔する。そのようなイメージを嫌悪して、観客は自ら離れていったのでしょう。

閑話休題。この論文の発表来、私は、新劇体制に反逆する異端児という評価を貼付されてしまいました。しかし、ここには少し裏話があります。

というのも、寄稿した「三田文学」の同じ号には、この私の論考に対する当時の新劇団からの反論も掲載されるはずだったのです。つまり、互いの主張を唱え合う「演劇特集」

として、私の論文は位置されるはずでした。

当然、論を戦わせるのですから、挑発的、戦闘的にもなります。しかし、私の論考に触れ、反論するはずだった方が全員筆を置いてしまった。和らげた表現に書きなおそうかと思いましたが、既に締め切り間近。かくして、私の過激な文章はそのまま掲載されたというわけです。以降、新劇界からの厳しい視線は、半世紀に亘り注がれることとなりました。

少しでもチケットを安く

劇団四季では、チケット販売価格をできる限り低く抑える努力を重ねています。多くのお客様に気軽に足を運んでいただき、舞台に感動してもらうこと。それこそが、安定した経営を可能にすると考えているためです。

良い商品が良心的な値段で売られていたら、必ず新しい顧客がつき、一度買った人はリピートして買ってくれる。これは経済の原則です。

チケット価格の設定で、私がずっと崩さずに来たのは、「最高額でも、大学卒の初任給の二〇分の一とする」というものです。今は、その基準よりさらに安く設定することができています。

しかしそれは、なかなか大変な道のりでもありました。

とくに海外ミュージカルの場合、著作権者に支払うロイヤリティなども含め、制作費に莫大な費用がかかります。

一九九五年には、東京と大阪で同時にディズニーミュージカル『美女と野獣』を上演することが決まっており、綿密な試算が行われました。すると、どうしても最高額を一万二〇〇〇円にしないと採算が合いません。しかも、入場率が八〇パーセントに達してという条件がついてです。そのため、初演は最高額一万二〇〇〇円に設定し、コストが回収できるようになって一万一〇〇〇円にしようという意見が大半を占めました。

しかし、私たちが目指していたのはロングラン公演の成功です。そのためには、チケットを安くして観客の負担を少なくする必要があります。そう考えた私は、スタッフと激論を交わし、最高額を一万一〇〇〇円に設定したのです。

結果的に、本公演は東京でも大阪でも観客の大きな支持を得、大成功を収めたため、値下げによる危機は訪れず、多くの四季ファンを獲得することになりました。

二〇〇八年には、新聞に「劇団四季入場料金値下げ」の全面広告を打ち、さらなる値下げに踏み切りました。

それと同時に「ファミリーゾーン」を設け、家族での観劇の場合、さらに割引率が高くなるようにしました。それによって一時的に大きな減収となることがわかっていましたが、日本の将来を担う子どもたちに、演劇の面白さ、日本語の素晴らしさを伝えていきたいと考えての決断でした。それに、子どもたちが将来大人になったとき、四季の舞台を観に来てくれれば長い目で見てプラスです。

もし、「海外で人気のミュージカルだからコストがかかる」という理由で、一枚一万五〇〇〇円の設定にしたらどうでしょう。両親と子ども三人、計五人で観ようとしたら、チケット代だけで七万五〇〇〇円。正気の沙汰ではありません。

現在、四季での最高価格は、S席の九八〇〇円です。他の興行と比べれば、リーズナブルといえるでしょう。

ロングランへの挑戦

年間三〇〇〇回以上の公演を行う四季ですが、そのほとんどが「ロングラン」を前提とした公演です。

短いものでも一カ月、『ライオンキング』などは、九カ月先まで公演予定を組んでスタートします。

もっとも、劇団四季がはじめてロングランに臨んだとき、それをずっと維持できると思っていた人は少ないでしょう。

劇団創立三〇周年を迎える一九八三年、私は大きな決心をしました。世界で大ヒットしているミュージカル『キャッツ』を、日本で無期限ロングランで上演しようと。そして、そのための専用劇場を建設しようと。

私の計画に、発表記者会見に集まった記者からは驚きの声が上がりました。それまでの日本の常識では、長い公演でもせいぜい一〜二カ月が限度。というのも、ほとんどの劇場が、複数の団体に「月割り」で貸し出されるためです。だからこそ、無期限ロングランを目指すには専用劇場が必要だったのです。

しかし、そもそも、そんな数の観客が集められるのか。一カ月の公演で来場する観客が三〜四万人だとしたら、年単位のロングランならその一〇倍以上の数になります。その膨大な観客を集めることができなければ、それが意味するところは何なのか。

記者たちに心配されるまでもなく、私も覚悟を決めていました。失敗したら劇団は解散し、個人資産を処分して劇団員に分配するつもりでした。私は、自分の生命保険の金額まで計算していました。

専用劇場の用地は西新宿。今は東京都庁がある場所です。そこに、若いスタッフのアイデアから生まれた「テント型劇場」を建設しました。高層ビルの合間に巨大な黒いテント。

⑱西新宿のキャッツシアター（撮影：山之上雅信）

⑲『キャッツ』

その屋根には黄色い猫の目が一対描かれていて、都会のゴミ捨て場が舞台の『キャッツ』にぴったりでした。

総客席数一〇六二、最後列からステージまでの距離は二〇メートル。観客の誰もが俳優の表情を見て取れる素晴らしい専用劇場ができあがりました。一九八三年一〇月二〇日のことでした。

翌月から始まった公演は、総公演数四七四回、総入場者数四八万人を超える大成功を収め、ついに一年間のロングラン公演を成し遂げました。

『キャッツ』の成功は、日本における潜在的な観客層を掘り起こすことになりました。ニューヨークやロンドンとなんら遜色ない知的水準や経済力を持ちながら、東京でなぜミュージカルが支持されないできたのか。それは、観客ではなく、観客を発掘する側に問題があったのです。地下に埋もれる油層のように眠れる観客がいることを立証することになったのが『キャッツ』でした。

自前の劇場を

本来であれば、『キャッツ』東京公演をもっと続けたかったのですが、当時の新宿区長の理解が得られず、それ以上の上演許可が下りませんでした。千秋楽のカーテンコールで、「ウィシャルリターントゥ東京」とレーザー光線で書かれた文字を見たとき、まさに万感の思いがしたものです。

「行政当局がテント劇場に理解がないのなら、これを丸ごとロンドンに持って帰りたい」

当時、客席にいた作曲家のアンドリュー・ロイド＝ウェバーも、そう評価してくれています。

しかし、行政のこの無理解も、当時の私たちには新たなチャレンジへのきっかけと変えることができました。

『キャッツ』には、日本全国の潜在的な観客層を掘り起こす力があると確信していた私は、東京公演千秋楽を間近に控えた一九八四年一〇月、大阪で記者会見を開きました。今度は大阪でロングラン公演を行おうと考えたのです。

「東京と大阪では条件が違うのでは？」

成功するはずはないと決めてかかる記者団に、私はこう答えました。

「『キャッツ』が三カ月しかもたなかったら、劇団四季は大阪で解散します」

決して冗談で言ったつもりはないのですが、なぜか会場は爆笑に包まれました。

結果は、延長に次ぐ延長。一三カ月、総公演数四八七回、総入場者数四八万七〇〇〇人あまりという東京公演を超えるロングランになりました。

その後、「ウィシャルリターントゥ東京」と観客に約束した通り、東京への凱旋公演を南新宿に建てたテント劇場で行い、以降も、福岡、名古屋、静岡、広島、仙台、横浜など日本各地でロングラン公演を行っています。

現在、日本全国における『キャッツ』の公演回数は八五〇〇回を超えています。それが常に九〇パーセントを超える入場率をキープしているということは、日本全国どこにでも、目の肥えた観客はいる証拠と言えるでしょう。

『キャッツ』では、テント劇場が活躍しました。しかし、『キャッツ』に続いて、『オペラ座の怪人』でロングラン公演を考えていた私にとって、劇場の確保はいよいよ頭の痛い問題になりました。

『オペラ座の怪人』の舞台は一九世紀のパリ、オペラ座。テント型の劇場では、その荘厳さや華麗さを表現することができません。

それまで多くの作品を上演してきた日生劇場を、『オペラ座の怪人』のために六カ月確保することができたものの、それはあくまで「例外的処置」にすぎません。一九八八年の初演時には、五カ月にわたる公演を成功させた私たちは、「専用劇場」の建設へと舵を取り始めました。

一九九三年、日本各地の提携企業から、劇団四季の専用劇場を建設することに賛同の声が起き、同年九月には、北海道の札幌駅構内に、駅の再開発工事がスタートするまでの数年間という条件付きで、劇団四季初の専用劇場「ＪＲシアター」が誕生します。

⑳『オペラ座の怪人』（撮影：上原タカシ）

こけら落とし公演『オペラ座の怪人』は、北海道中に大ブームを巻き起こし全道から観客が押し寄せました。その数、一一カ月三五四公演で、三一万五〇〇〇人にのぼりました。

それ以降、一九九五年に大阪の「ＭＢＳ劇場」、一九九六年に「福岡シティ劇場」、一九九七年に「名古屋ミュージカル劇場」と、続けざまに建設が進み、それらすべてで『オペラ座の怪人』をこけら落とし公演に選びました。

これら専用劇場の建設によって、ロングラン公演回数は飛躍的に伸びました。既存劇場をレンタルして上演していた頃は平均して一〇〇前後だったのが、三〇〇回以上に増加したのです。

さらに、一九九八年には、ＪＲ東日本のご厚意により貸していただいた東京・浜松町の土地に専用劇場「春」と「秋」を、二〇〇三年にはその隣にストレートプレイ専用劇場

㉑四季劇場［春］［秋］（撮影：荒井健）

㉒北海道四季劇場（撮影：下坂敦俊）

㉓大阪四季劇場（撮影：中島仁實）

「自由劇場」を、二〇〇二年には電通のご厚意により東京・汐留に「海」を、二〇一〇年には品川区のご厚意により、東京・大井町に「夏」を建設しています。

全国各地に演劇の喜びを

私が、ロングラン公演をやり遂げるために日本各地に自前の劇場を持とうと考える理由の一つが、「文化の東京一極集中を是正する」ということです。これは、劇団草創期からの私たちの理念でもありました。

私は「地方」という言葉が嫌いです。日本の未来を考えたとき、明治以来の「中央と地方」という悪習から一刻も早く脱しなければならないと考えています。

特に芸術分野において、多くの人たちは「東京」にすべてがあって、東京にいなければ文化に対する理解も深まらないかのように思っています。しかし、それは全くの間違いと言えるでしょう。古来日本では、各地で多様な芸能文化が受け継がれてきました。また現在は、あらゆる情報を全国で同じように享受でき、教育や所得の水準も随分上昇しました。つまり、観客になりえる方々が、どこかのある地域に集中してしまうような状況はありません。お客様はどこにでもいらっしゃるのです。

ですから、それを「観客のほうから出てこい」と言うのは間違いで、こちらから出向くのが当然のことです。

一九九一年五月から翌年四月にかけて、札幌で『キャッツ』のロングラン公演を成功させたのは、私たちにとって大きな自信になりました。北海道は面積のわりに人口が少なく、それだけで観客動員におけるマイナスポイントとなります。「春・夏・秋・冬と四季を越えてロングランを続けたい」と始めた公演でしたが、多くのお客様にお運びいただき、結果、約一一カ月間、まさに雪解けまで続けることができました。

日本全国の公演に出ているとき、俳優たちが稽古の合間を縫って、そこに暮らす人々との交流を図ることもたびたびあります。休演日を利用して文化団体や中学・高校の演劇部とワークショップを開いたり、地域の人々を対象にセミナーを行ったり。そうした活動が受け入れられ、人々の劇団四季に対する理解がさらに深まっていきました。

旅公演で俳優は育つ

ロングラン公演に際しては、大きな広告を打つこともあります。そうした広告を見た人たちの中には、劇団四季は大劇場でしか演じないと考えている人もいるようです。しかし、そんなことはまったくありません。私たちは、熱心に待ってくれる観客がいてくだされば、どんな小さな街にでも訪ねて、公演を実現させたいと考えています。

実際にコンテナ式のトラックに装置を詰めて、これまで全国七〇〇以上の街で公演を行ってきました。どの街にも、同じように演劇を理解し感動してくれる観客がいるからです。

劇団四季のメンバーは七割が東京以外の出身です。全国各地で公演を積み重ねてきたからこそ、それを観た若者たちが「自分たちもやりたい」と集まってくれるのでしょう。

私はかねがね、劇団員たちに自分の出身地を大切にするように言っています。「演劇の感動を全国各地に届ける」という理念を、組織のものだけでなく、劇団員それぞれが自分のこととして捉えてほしいのです。

こうした全国の街を巡演する活動を、私たちは「旅公演」と呼んでいます。劇団四季の俳優やスタッフは、ほぼ全員、旅公演を経験しています。旅公演には多くの困難と苦労が伴うため、その経験が彼らを成長させてくれます。

旅公演では、毎回、公演する会場が違います。スタッフは事前に劇場の図面を手に入れ装置の仕込み作業を想定しておきます。

現場に到着したら、装置、照明、音響などさまざまな道具をトラックから降ろし、仕込みに入ります。想定を裏切って、入りきらないものも出てきて、その都度、調整が必要になります。どんなに小さな会場でも、できるだけ専用劇場と変わらない効果を生み出す努力を惜しんではなりませんから、時間ぎりぎりまで汗だくの作業が続きます。

そして、無事に公演が終わると、舞台の解体作業を進め、次の公演に向かうためにトラックに効率よく荷物を積んでいきます。

こうした作業は、もちろん俳優も総出でやらなければなりません。旅公演中には、洗濯、楽屋の掃除、ゴミの分別など、さまざまな仕事があり、各人、自分の役割分担に責任を持ちます。

日本は地震や台風も多く、道路が遮断されて予定していた経路がとれないことなどもしょっちゅうです。それでも、次の公演が予定されていて待ってくれている観客がいる限り、何としてでも行かなければなりません。トラブルが起きたとき、全員で力を合わせて乗り切り、きちんと公演を終える。こうした経験は、若い俳優やスタッフだけでなくベテランになってからも大きな意味を持つのです。

旅公演に出ている俳優やスタッフは、どんなに疲れていてもイキイキとしています。訪ねる多くの地域では、人々は年に一度か二度くらいしか観ることができない演劇公演を心待ちにしてくれています。そうした観客の、舞台に真剣に見入る様子や喜ぶ顔を見れば、どんな疲れも吹き飛んでしまうのでしょう。

スター制度はとらない

劇団四季は、徹底して厳格な実力主義を貫いています。どんな舞台にも、そのときに最もふさわしい俳優やスタッフを配するということです。

もともと四季では、知名度のある俳優を起用して集客するような「スター制度」は採用していません。また、「この役者を売り出したい」という作家やプロデュース側の思惑でキャストを選ぶこともしません。作品にとって最高の適役は誰かということを第一に考えます。

そもそも、ロングラン公演を成功させるには、スターに頼るような手法はとれません。一つの役に実力のある俳優を複数立て交代する、ダブルキャスト、トリプルキャスト制度が不可欠です。それによって、俳優の突発的な事故や病気に対応できるだけでなく、いい意味での競争や緊張感も生まれます。

ダブルキャスト、トリプルキャストのどの俳優が演じるのか、当日まで発表を行いません。しかし、俳優ではなく作品を観にいらっしゃるお客様にとって、それは大きな問題ではないでしょう。

こうした配役方法を採用する結果、ベテランを差し置いて新人が出てくることもあるし、劇団内だけで適切なキャストが組めなければ、オーディションで外から募ることもします。オーディションは、すべての実力ある俳優たちに平等に門戸を開き、公正に行われます。そこに、有名な俳優がやってきたからといって、名前だけで合格させるようなことはしません。

たとえば、一九七九年に初演を迎えたミュージカル『コーラスライン』には、外部から多くの俳優が参加し、物語さながらのオーディションが繰り広げられました。このとき、シーラ役を射止めた前田美波里は、資生堂の宣伝ポスターで有名人になっていたにもかかわらず、死にものぐるいで稽古をしてオーディションを勝ち抜いたのです。

彼女はその後、『ウエストサイド物語』『キャッツ』『マンマ・ミーア！』など、四季を代表するミュージカルに多数、出演していますが、そのたびにオーディションを受けて合格しています。

劇団四季のやり方とは逆に、テレビで顔が売れているような人をメインキャストに持ってきて観客を呼ぼうとする劇団や興行会社もあります。それは、舞台の完成度を二の次に考えているように思えます。

お客様は、ちゃんとわかっています。劇団四季が高い観客動員数を維持し続けている理由は、作品のクオリティを最優先に考える舞台にお客様が共感してくれているからにほかなりません。

とはいえ、私が俳優を軽んじてきたということではありません。日頃から方法論と向き合い、弛まぬ努力を続けている四季の俳優たちは、私の誇りです。もし今、四季六〇年の成果はと問われたら、一つは、「舞台の収入だけで、劇団員の生活を安定させたこと」、そしてもう一つは、「方法論を確立し、魅力と実力ある俳優を数多く育てたこと」とお答えしたいと思います。

居て、捨てて、語れ

私が俳優たちによく言う言葉に、「居て、捨てて、語れ」というのがあります。

「居る」というのは、上っ調子にならないで、まず自分の実存を確かめること。「捨てる」は、俳優はつい感情の着ぐるみをかぶってみたくなるが、それを捨てろということ。自分の実感に戻れということです。そして、何よりも大切なセリフを「語る」こと。

つまり、存在しつつ顕示欲は捨てて戯曲の文学を語れということです。

俳優の中には、「演じる」ということを、自分以外の人物を自分に上塗りすることだと思っている人がいます。しかし、それはとんでもない勘違いなのです。

たとえば、Aという俳優がハムレットの役を与えられたとき。ハムレットの優しさを表現しようと思ったら、Aの優しさが出ればそれでいいのです。Aがハムレットの着ぐるみをかぶって動き回るのではありません。

「生か死か、それが疑問だ」

このセリフをしゃべるときには、他人の気持ちをオーバーに表現するのではなく、A自身が生きること死ぬことで悩んでいるという実感を持ったときに、それが観客に伝わり共感を得られるのです。

俳優におけるリアリズムとはそういうことで、演技とは最終的に自分に戻ることだと私は考えています。

俳優の役とは、その人物の風体をした着ぐるみをかぶることでも、自分に上塗りすることでもなく、行動なのです。自然にハムレットの行動がとれたら、それはいい俳優ということになります。

では、その行動とは何かと言ったら「言葉」です。言葉が集積して指し示すものは、役の風体ではなく、役の行動です。

伝えるべきは正確な言葉、表現すべきは作家の感動。

感情は観客の中に宿ればよく、俳優に宿る必要はありません。俳優の仕事は文体に声を貸すことだけ。役を生かすために己を無、透明に近づけることが俳優の戦いです。

少し演技ができるようになった俳優は、説明的に何かをやって見せたくなったり、ときに自分と離れた嘘ばかり追うようになります。しかし、四季では嘘はやらせません。そのために「無心になること」を徹底して教えています。

高いレベルを維持する四季の俳優たち

毎年、劇団四季のオーディションには、一五〇〇名近い数の応募が寄せられます。しかし、合格者は例年、研究生と即戦力メンバーを含め、五〇名程度です。

これだけでも充分に狭き門と言えるでしょうが、それから先はさらに大変です。例えば研究生について。彼らは入団したからといって、将来が約束されたわけではありません。

一〇年後に残れるのは二〜三人。中にはゼロという年もあります。新人が生き残り、舞台に立てる確率は、二五パーセントあるかないかでしょう。

四季芸術センターの稽古場の壁には、「慣れ、だれ、崩れ＝去れ」という言葉も貼られています。どんな仕事でも同じでしょうが、慢心したら終わりです。

かつて私は、人間国宝でいらした故・野村万蔵さんに伺ったことがあります。

「先生は、いつから自分が名人だとお感じになったんですか？」

すると、野村さんはこう言いました。

「六〇になって初めて、下手という意味がわかった。七〇になって、やっと少しできるようになったかな」

同じ質問を、能の故・近藤乾三《けんぞう》さんにしたときも、同じような答えが返ってきて、私は驚きました。

「六〇になって下手という意味がわかった。八〇になって少しはましになったかな」

この二人の言葉に、私たちは多くの学びを得ることができるでしょう。

俳優の一人ひとりが慢心することなく、高いクオリティを発揮し続けることは、ロングラン公演を成功させるための絶対条件になります。

『ライオンキング』上演にあたって日本を訪れたディズニーのクリエイティブスタッフは、劇団四季の俳優、技術スタッフのポテンシャルの高さについてこう述べています。

「彼らは休憩なしで、八時間も稽古し続けることができるんだ。強い信念と自己管理能力、そして集中力を持っている。ほかの『ライオンキング』カンパニーにもぜひ伝えたい」

こうした努力を重ねたからこそ、四季の俳優は高いレベルをキープできるのです。

㉔『ライオンキング』（撮影：下坂敦俊Ⓒ Disney）

「『美しい日本語の話し方』教室」「こころの劇場」を通して伝えていくこと

日本全国の子どもたちに向けた「『美しい日本語の話し方』教室」を継続することは、劇団四季にとって「生涯のテーマ」であると思っています。

日本の将来を担う子どもたちに、母国の言葉を美しく正しくしゃべってもらうため、そして、日本語に誇りを持ってもらうために、私たちはできる限りのことをしていくつもりです。

『美しい日本語の話し方』教室」と並んで、劇団四季がライフワークとして取り組んでいるのが「こころの劇場」です。財団法人舞台芸術センターとともに、日本全国の子どもたちに演劇の感動を届けるというプロジェクトです。

今さら私が述べるまでもなく、いじめによる自殺、親からの虐待など、子どもたちをめぐる環境は深刻なものがあります。未来を担う子どもたちの問題は、その家族だけのことではなく、社会総がかりで取り組まなければなりません。

では、私たちにできることは何なのか。それは、子どもたちの心に、「命の大切さ」「人を思いやる心」「信じ合う喜び」など、生きていくうえで大事なことを、舞台を通じて語りかけることだと思っています。

物質文明のつくりだしたゆりかごで子どもたちを楽しませるのも悪いことではありませんが、人間の精神の文明が遺した輝きを今日の子どもたちに与えていく。これが私たち大人の義務の一つではないでしょうか。

もともと劇団四季では、日本生命をスポンサーとして、日生劇場で子どもたちのための

㉕「『美しい日本語の話し方』教室」実施実績（2005〜13年度）

期間	訪問校数	授業数	人数
2005年度	62校	183回	5,301人
2006年度	192校	572回	18,098人
2007年度	174校	415回	13,331人
2008年度	421校	982回	30,573人
2009年度	508校	1054回	39,666人
2010年度	405校	920回	35,608人
2011年度	490校	1074回	42,468人
2012年度	621校	1281回	52,138人
合計	2873校	6481回	237,183人
2013年度（予定数）	600校	1250回	50,000人

※訪問校数は、のべ校数（重複あり）
※授業数は、一部、2クラス以上合同で実施

ミュージカルを製作上演し、小学生を招待する活動を続けてきました。一九六四年に日生劇場の開場に合わせてスタートし、「日生名作劇場（現・ニッセイ名作劇場）」と呼ばれました。

そうした活動を、より大規模にした「こころの劇場」は、二〇〇八年からスタート。離島など、なかなか観劇する機会に恵まれない地域を主に、日本全国を回っています。北海道の利尻島で行った公演には、礼文島の子どもたちも船に乗って駆けつけてくれました。離島などでは、舞台装置が船便で運ばれるために、俳優のほうが先に到着します。そこで、『『美しい日本語の話し方』教室』をまず行い、装置が届いてから舞台をお見せするという流れになることも多いのです。

東日本大震災後には、東北地域での特別招待公演を行いました。

二〇一一年および二〇一二年の二年間で、二二都市で四五公演を行い、計二万一〇〇〇人を超える人々に、ミュージカル『ユタと不思議な仲間たち』を観てもらいました（**表㉗**）。

『ユタと不思議な仲間たち』は、一九七七年初演の劇団四季のオリジナルミュージカルで、まさに東北の豊かな自然、東北弁の美しいセリフが用いられた作品です。天災によって現世界で生きることが叶わなかった「座敷わらし」と、いじめに苦しむ少年ユタとの心の交流を描いています。

公演会場は、各地の公立学校体育館などを使用しました。体育館の窓が壊れていても、電灯がつかなくても、そんなことは言い訳にはなりません。どんな状況であれ、観客がいてさえくれれば感動的な舞台はつくれます。

この公演では、劇場上演版をダウンサイズするという形式はとらず、子どもたちと同じ目線で演じるというコンセプトで再構築しています。

㉖『ユタと不思議な仲間たち』東北特別招待公演（大槌町）

そのため、体育館の床面をアクティングエリアとし、子どもたちにも地座りして観劇してもらいます。俳優たちは、まさに子どもたちの目の前で、メッセージを語りかけることになります。

手を伸ばせば届きそうな距離で展開する物語と、飛び散る汗まではっきり見える俳優た

㉗『ユタと不思議な仲間たち』東北特別招待公演実施実績

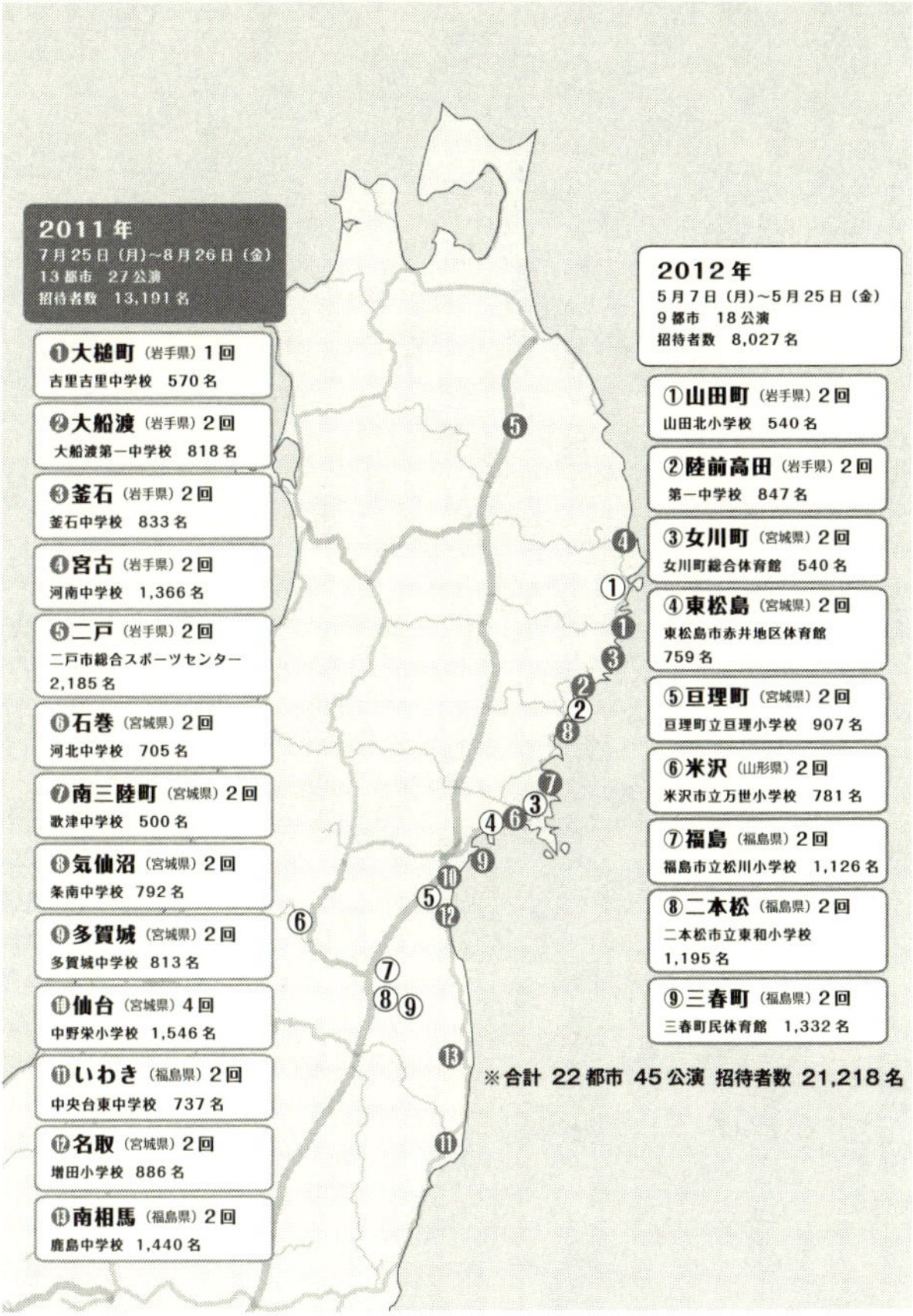
2011 年
7月25日（月）～8月26日（金）
13 都市　27 公演
招待者数　13,191 名
❶大槌町（岩手県）1 回
吉里吉里中学校　570 名
❷大船渡（岩手県）2 回
大船渡第一中学校　818 名
❸釜石（岩手県）2 回
釜石中学校　833 名
❹宮古（岩手県）2 回
河南中学校　1,366 名
❺二戸（岩手県）2 回
二戸市総合スポーツセンター
2,185 名
❻石巻（宮城県）2 回
河北中学校　705 名
❼南三陸町（宮城県）2 回
歌津中学校　500 名
❽気仙沼（宮城県）2 回
条南中学校　792 名
❾多賀城（宮城県）2 回
多賀城中学校　813 名
❿仙台（宮城県）4 回
中野栄小学校　1,546 名
⓫いわき（福島県）2 回
中央台東中学校　737 名
⓬名取（宮城県）2 回
増田小学校　886 名
⓭南相馬（福島県）2 回
鹿島中学校　1,440 名
2012 年
5月7日（月）～5月25日（金）
9 都市　18 公演
招待者数　8,027 名
①山田町（岩手県）2 回
山田北小学校　540 名
②陸前高田（岩手県）2 回
第一中学校　847 名
③女川町（宮城県）2 回
女川町総合体育館　540 名
④東松島（宮城県）2 回
東松島市赤井地区体育館
759 名
⑤亘理町（宮城県）2 回
亘理町立亘理小学校　907 名
⑥米沢（山形県）2 回
米沢市立万世小学校　781 名
⑦福島（福島県）2 回
福島市立松川小学校　1,126 名
⑧二本松（福島県）2 回
二本松市立東和小学校
1,195 名
⑨三春町（福島県）2 回
三春町民体育館　1,332 名
※合計 22 都市 45 公演 招待者数 21,218 名

ちの迫力ある動きに、子どもたちは身を乗り出し、目を輝かせてくれます。終演後のカーテンコールでは、劇中歌『友だちはいいもんだ』を全員で大合唱。会場は大きな拍手と歓声に包まれました。

「こころの劇場」では、『ユタと不思議な仲間たち』のように子どもたちに生きる意味や人生の素晴らしさを感じてもらえるような作品を選んで上演しています。終演後は、俳優たちがロビーに並び子どもたちと握手をしながら見送ります。感動と興奮がなかなか収まらない子どもたちを見ていると、こちらまで元気を与えられます。

「話す能力」と演劇教育

子どもたちに対する日本の教育の中で、芸術分野のものと呼べるのは、美術と音楽くらいです。演劇は、「話すこと」において最も高い次元にある芸術なのに、それが学校教育に入っていないのは本当に残念なことです。

民主主義の根幹に関わる「話す能力」を身につける手段として、演劇は非常に有効であり、諸外国では、演劇を積極的に教育に組み入れています。

演劇はいろいろな人間が参加できる一つの運動体です。俳優や演出だけでなく、さまざまな個性が発揮できる仕事があります。音楽が好きなら音響に、美術が好きなら装置に、おしゃれが好きなら衣装に、お化粧が好きならヘアメイクに、機械いじりが好きなら照明に……。みんなが同じ目的に向かって個性や能力を総合的に出し合いながら、一つのものをつくりあげる素晴らしい高揚感が、演劇にはあります。

そして、そうしたコミュニケーションの中心となるのは、いつでも言葉です。お互いのやりとりの中で、自分の思いを正しく伝える必要があるのは言うまでもありません。そのうえで、みんなが自分の得意とする分野で力を発揮するのは、俳優が語る言葉で表現するものを最大限に磨き上げるためです。

演劇には、従来の国語教育にはない要素がたくさんあります。

日本人は言葉の意味はよくわかっていて、読むことも書くことも秀でているのに、それで自分の気持ちを表現することが下手。それを自覚しているから、大事な場面では余計に萎縮してしゃべれなくなる。こんな状況から抜け出すためにも、日本人にもっともっと演劇に親しんでほしいと思っています。

日本語は美しい

言葉の中には、人生のすべてが詰まっていると言っていいでしょう。日本人のほとんどが生活に必要な読み書きができるようになった今、言葉はただの道具ではなく文化の象徴なのです。それを磨きましょう。言葉を磨き上げるということが、実は文化を磨き上げ、民族の精神を高揚させることにつながります。

日本にはたくさんの素晴らしい言葉が存在します。あなたが普段話しているのと違った日本語にも、もっと興味を持ってください。日本語とは、いわゆる標準語だけを指しているのではありません。

俳優を目指して日本各地から上京してきた人は、最初は「訛り」に苦しみます。なんで自分は東京に生まれなかったのだろうと。しかし、方言もまた、素晴らしい日本語なのです。

俳優としては標準語を正しくしゃべり、一人の人間として故郷の言葉をしゃべれたら、素晴らしいことです。もし、あなたにお国訛りがあるなら、どうかそれを誇りに思ってください。

私の亡き恩師、加藤道夫は東北弁が大好きで、よくこう言っていました。

「東北弁は美しい。もしこの言葉が標準語だったら、日本のオペラと詩劇の完成は一世紀早まっただろう」

東北弁に限らず、日本中に多くの美しいお国言葉があるということを忘れないでください。標準語は機能言語として明治時代に生まれたものです。もちろん、私たちはその言葉を大事にしていかなければなりません。しかし、その標準語をさらに美しく磨いていくためにも、方言を捨てずにいることは非常に重要です。

本書を通して私がずっと訴えてきたのは、「目の前にいる人にあなたの気持ちが伝わる言葉をしゃべりましょう」ということです。

私たちにとって「観客がすべて」であるように、あなたにとって「相手がすべて」です。あなたの言っていることを評価するのは聞いている相手。どんなにいいことを言っていても、相手に伝わらなければ、それは独りよがりの演劇と同じです。

どうか、本書のメソッドで「心を伝える言葉」を習得してください。それは、あなたのためになるだけでなく、すべての日本人の未来を考えることにつながります。

巻末付録

『美しい日本語の話し方』教室台本

劇団四季(二〇〇五年五月二十三日)

登場人物

A　俳優　女性
（男性でも可）

B君　俳優　男性

Cさん　俳優　女性

補助役

そろって教室に入室。

A　皆さん、こんにちは。
児童たち　こんにちは。
B　君　もっと元気に、もう一度。「皆さん、こんにちは！」
児童たち　こんにちは！
Cさん　はい、元気よく挨拶出来ましたね。
A　皆さんとは今日はじめてお会いするので、まず自己紹介をします。私は俳優の「○○○○」といいます。
B　君　俳優の「○○○○」です。皆さんにお目にかかれて嬉しいです。
Cさん　はじめまして、俳優の「○○○○」です。今日は楽しく勉強しましょう。
A　それからお手伝いをしてくれる「○○○○」さんです。今日の授業はこの四人と皆さんで進めていきましょう。皆さんにもたくさん声を出してもらいますね。
Cさん　さっきは「こんにちは」とご挨拶しました。今度は朝のご挨拶をしましょう。おはようございます！

全員　おはようございます！

Cさん　良くできました。（ものすごく）大きな声で驚いてしまいました。

（必要に応じて繰り返しても良い）

A　さて、私たちは、舞台で毎日お芝居をしています。皆さんは劇場に行ったことがありますか？　劇団四季の舞台を観たことがある人は手を挙げて下さい。結構いますね。（or何人かはいますね。）今日わたしたちは、久しぶりに小学校へ来ました。なんだかとっても懐かしい感じがしますけど、B君はどんな小学生でしたか？

B君　僕は、腕白でスポーツ好きの元気な少年でした。

A　Cさんは？

Cさん　私は、今は俳優として舞台に立っていますけど、小学校時代は引っ込み思案の子どもだったんです。

A　引っ込み思案？

Cさん　ええ。授業中先生に指されるとドキドキしちゃって……。

A　何も言えなくなっちゃった？

Cさん　そう。でも、自分では答えたつもりなのに、先生ったら「聞こえないぞ」って言うんです。
A　声が小さかったのかな？
Cさん　そんなこと無かったと思うんですけど……。
B君　（割って入って）僕も、スポーツ大会で選手宣誓をした時に、思いっきり大きな声で言ったのに「なんて言ったのか聞こえなかった」って言われてショックだったことがあるな。
A　はい、皆さんもそんな経験をしたことはありませんか？　きちんとしゃべっているのに自分の考えが伝わらない。大きな声を出しているのに相手に伝わらない……。
実は、私たちがいつも当たり前のように話している日本語ですが、きちんと話すのはなかなか難しいのです。今日は私たちと一緒に「美しい日本語の話し方」について勉強していきましょう。
B君　ちょっと待って。僕が小学生の頃、国語の授業で話し方について習わなかったのかな？

Cさん　文章をみんなの前で読んだことはあるわ。

A　それは音読。あるいは朗読ですね。書き言葉を読む練習です。皆さんは、日頃、国語の時間に日本語を読んだり書いたりする勉強をしていますね。読み書きは大切な勉強です。でも、私たちの一日の生活を考えてみてください。朝起きて学校に来るまで、そして学校から帰って夜寝るまでに皆さんが一番多くしているのは、人との触れ合い、お互いの思いや意思を伝える「話すこと」ではないですか？

B君　確かに、そうですよね。

A　Cさんは、小学生の頃「話し言葉」の勉強をしたことはありましたか？

Cさん　お習字で、きれいな字を書く練習をしたことはあるけど、美しい日本語の話し方を練習したことはなかったですね。

A　そうです。きれいな字を書くにも練習がいるように、美しい日本語を話すためにも練習が必要です。

B君　「話し方」にも練習が必要なんですね。

A　そうです。ではまず、今まで国語の授業で習ってきたことの中から一つだけおさらいをしてみましょう。皆さん、「母音」と「子音」って覚えていますか。B君、どうですか？

B　君　たしか小学校でローマ字を習った時に聞いたような気がします。

A　（児童たちに）覚えている人は手を挙げて下さい。

児童たちの反応。

Cさん　素晴らしいですね。（or皆さん忘れちゃったかな。）では復習の為に担任の先生に母音について説明してもらいましょう。

B　君　○○先生。日本語には母音がいくつあるんでしょうか？

担任の先生　五つです。

Cさん　（児童たちに）ではその五つとは何でしょうか。皆さん分かりますか？

児童たちの反応。

Cさん　それでは○○先生、五つの母音を大きな声でお願いします。

担任の先生　「あ、い、う、え、お」です。

Cさん　○○先生、ありがとうございます。（児童たちに）では全員で言ってみましょう。さん、ハイ！

全員　あ、い、う、え、お。

A　そうです。この「あ、い、う、え、お」が今日の授業の秘密をとく「鍵」になります。

Cさん　皆さんがいつも使っているこの母音を一つ一つ正確に言ってみましょう。「あ」はこのように「あ」。りんごをかじるように大きく開けましょう。皆さんも一緒に。さん、ハイ！

全員　あ！

Cさん　そうです。次はこのように口を横に開いて「い」。さん、ハイ！

全員　い！

Cさん　「う」はこのように口をとがらせて「う」。さん、ハイ！

全員　う！

Cさん　「え」はこのように「え」。さん、ハイ！

全員　え！

Cさん　そうです。「お」は口をしっかり縦に開けて「お」。さん、ハイ！

全員　お！

Cさん　よく出来ました。それではこのように五つの母音をしっかり口を動かして「あ、い、う、え、お」と言ってみましょう。さん、ハイ！

全員　あ、い、う、え、お！

Cさん　はい、そうです。

A　皆さん、「母音」について思い出してくれましたね。ではいよいよ「美しい日本語を話すための秘密」です。私達と一緒に考え、練習してみましょう。最初の例題はさっき練習した朝のご挨拶です。

Cさん　「おはようございます」ですね。

A　そうです、ではやってみましょう。B君。まず皆さんに大きな声で「おはようございます」とご挨拶して下さい。

①

B君　おはようございます。

A　声は大きいのによく聞こえませんでしたね。何故でしょうか？

Cさん　B君の言葉は一音一音がくっついてしまっていると思います。

A　そうです。日本語の「話し言葉」をきれいに聞かせるには一音一音が「分離」している、つまり離れていないと駄目なんです。皆さん、真珠のネックレスを考えてみて下さい。同じ大きさの真珠が一本の糸に通ってつらなっていますね。糸をそっと抜いてみましょう。等間隔に一つ一つの真珠が並びます。言葉の音もこういう風に並ばなくてはいけません。
では一音一音を分離させて、やってみます。

B君　「おはようございます」（ゆっくり）どうですか？

A　確かに前より音は分離していますが、それでは「話して」いるのではなく「読んで」しまっていますね。「話し言葉」ではなく、「読み言葉」になっています。「おはようございます」は朝の空気を一杯吸い込んだ、明るい

B君　呼びかけでなくてはいけない。話しかける、「話し言葉」です。もう一回やってみましょう。

Cさん　おはようございます。

A　やはりくっついてしまいましたね！　日頃なんでもなく使っている、「おはようございます」でもこんなに難しいところがあるんですね。

皆さん、日本語の話し言葉をきちんと話すのはなかなか難しいことだというのが、少し解ってくれましたか。

②

A　では今度は別の課題を使って、何故そうなってしまったかを研究してみましょう。皆さんは、次の日曜日どんな予定ですか。例えば学校に行ってお友達とサッカーをしようとか、何か校庭でスポーツをしようとか、そんな予定がある人がいることにしましょう。ところが次の日曜日は、雨です。ホントかな。それは解りません。とりあえず「雨」ということにして土曜日に、こういうことを考えたとします。

「明日は雨だけど学校へ行ってみよう」

ではB君、Cさんと一緒に行くつもりで話してみて下さい。

B君　「アシタワメダケドガッコエイテミヨー」

Cさん　わあ、ひどい日本語！

A　私は「明日は雨だけど学校へ行ってみよう」と言ってほしかったのですが、彼は「アシタワメダケドガッコエイテミヨー」と言ってしまいました。

Cさん　何故そうなってしまうのかしら？

A　それを探ってみましょう。皆さん、これはとても大事なことなので、よく憶えていて下さいね。さっき、日本語の話し言葉は一音一音がきちんと分離していなければいけないと言いましたね。ではその「一音」とはどういうものなのか考えてみます。これを見て下さい。「明日は雨だけど」をローマ字で表現したものです。

A | SHI | TA | WA | A | ME | DA | KE | DO |

A　日本語の一音は、母音一つか子音と母音の組み合わせで成り立っています。

B君　そうか、「明日は」の「ア」はA《エー》で母音一つだけ。「シ」はS《エス》　H《エイチ》　I《アイ》。子音二つと母音一つだ。

Cさん　「ハ《ワ》」はW《ダブリュー》とA《エー》。「雨」はA《エー》とM《エム》　E《イー》ですね。

A　その通り。では音とは何でしょう。「A《エー》」、「ア」。言ってみて下さい。さん、ハイ。これは勿論言えますね。では「ME《エムイー》」、「メ」。まず子音「M《エム》」だけ音にしてみて下さい。皆さんで一緒にやってみましょう。「M《エム》」だけですよ。さん、ハイ！

全員言えない。

B君　あれ、どうしたんだろう。みんな口を結んで声を出せない。不思議だ。

A　ではこんどは「E《イー》」だけを「エ」と発音して下さい。皆さんで、さん、ハイ！

全員　「エ」！
Cさん　こんどは言えるわ。
A　次は「雨だけど」の「ダ」です。「D《ディー》」だけ音にしてみて下さい。皆さんで、さん、ハイ！

全員言えない。

B君　これも駄目だ。舌を歯のうしろにくっつけただけ。
A　では、こんどは「A《エー》」を入れてみて下さい。皆さんで、さん、ハイ！
全員　「ダ」！
A　皆さんこれで解ってくれましたか。これは日本語を音にする時の大きな「秘密」なんです。
Cさん　日本語の音は、ほとんどが母音。子音のほとんどは口の型にすぎないんですね。
A　ですから日本語を発音する時には母音をきちんと話す。これが最も大切なことなのです。

B　君　さっき練習した「ア・イ・ウ・エ・オ」の五つの母音をきちんとでですね。

A　今、B君の口が見えましたか?「ア・イ・ウ・エ・オ」それぞれがはっきりしていましたね。私たちの舞台はセリフがよく聞こえる。ミュージカルでも歌の歌詞がよく通って聞き易い、という評価をいただいている「ヒミツ」は実はここにあります。私たちはまず言葉……セリフですね。これを母音だけで話してみます。実際にやってみましょう。ではCさん、「おはようございます」を母音だけで話してみて下さい。

Cさん　オアオーオアイアウ（気持ちを入れて）。

A　そうです。これを三回くり返します。

Cさん　オアオーオアイアウ。

オアオーオアイアウ。

オアオーオアイアウ。

A　こんどは子音を入れてみましょう。

Cさん　おはようございます。

A　今度は皆さんにも挑戦してもらいましょう。それでは……（児童の一人を指名し）はい、あなたにお願いしましょう。いいですか、Cさんが話すのに続いて、同じように話してみてくださいね。Cさん、お願いします。

Cさん　はい。ではいきますね。オアオーオアイアウ。はい。

児童　オアオーオアイアウ。

Cさん　おはようございます。はい。

児童　おはようございます。

Cさん　オアオーオアイアウ。はい。

児童　オアオーオアイアウ。

Cさん　おはようございます。はい。

児童　おはようございます。

A　はい、よくできました。どうもありがとう。

（このやりとりは状況に応じ、複数の児童にやってもらう）

A　皆さん全員で一度やってみましょう。

Cさん　私に続いて下さい。オアオーオアイアウ。はい。

児童たち オアオーオアイアウ。
Cさん おはようございます。はい。
児童たち おはようございます。
A よくできました。皆さんとってもいいですよ。ではCさん、次に「明日は雨だけど学校へ行ってみよう」を母音だけで話してみて下さい。
Cさん アイアアアエアエオ アッオーエ イッエイオー。
A そうです。これを三回くり返します。
Cさん アイアアアエアエオ アッオーエ イッエイオー。
アイアアアエアエオ アッオーエ イッエイオー。
アイアアアエアエオ アッオーエ イッエイオー。
A こんどは子音を入れてみましょう。
Cさん 明日は雨だけど学校へ行ってみよう。
A さあ、ちょっと難しくなりましたね。これは、○○先生にチャレンジしてもらいましょう。先生こちらへどうぞ。準備はよろしいですか？
ではCさんお願いします。

Cさん　では、いきますね。アイアアアエアエオ　アッオーエ　イッエイオー。
担任の先生　アイアアアエアエオ　アッオーエ　イッエイオー。
Cさん　明日は雨だけど学校へ行ってみよう。
担任の先生　明日は雨だけど学校へ行ってみよう。
Cさん　アイアアアエアエオ　アッオーエ　イッエイオー。
担任の先生　アイアアアエアエオ　アッオーエ　イッエイオー。
Cさん　明日は雨だけど学校へ行ってみよう。
担任の先生　明日は雨だけど学校へ行ってみよう。
A　どうですか。母音で練習した後は、ずっとはっきりした言葉になったと思いませんか。ここで皆さんにもう一つ気付いてほしいことがあります。さっき母音で練習したときに、五つの母音のうち、ある母音が一番多く使われていました。どの母音だか、わかった人は手を挙げてください。では……そこのあなた。
児　童　「ア」だと思います。
A　その通りです。日本語には「ア」母音が多いという特徴があるんです。例えば「あなた方が、朝、博多から」と言ったとしましょう。これを母音だけで話すと……皆さん気付きましたか？　Cさん、試しに言ってみてください。

Cさん　あああああ、ああ、あああああ。

A　そうですね。全て「ア」になっています。母音の中でも特に「ア」母音をきちんと話すことが大事だという事も覚えておいてください。

③

A　では今度は「話し言葉」の次の課題へ進みます。
B君、貴方は一番はじめに、ずいぶんひどい話し方をしましたね。あれをもう一度やってみて下さい。

B君　アシタワメダケドガッコエイテミヨー。

A　そうですね。ところで皆さん、どうしてこんなことになってしまったか、ちょっと黒板のローマ字を見て下さい。

連母音
ASHITA WA AMEDAKEDO
長音　連子音　長音
GAKKOO E ITTEMIYOO

A　「明日は雨」のところに連母音と書いてありますね。ここが大切なところです。日本語では同じ母音や、例えば「愛している」の「A《ア》I《イ》」のように異なる母音でもつながっているところがよくあります。ここは気を付けなければいけません。さっきB君は、明日はの「W《ワ》A」の「A《ア》」と、雨のはじめの「A《ア》」がつながっているところを注意せず発音してしまいました。

Cさん　だから「アシタワメ」になってしまったんですね。

A　この「A《ア》」のつながりをCさんに丁寧に発音してもらいましょう。

Cさん　「アシタワアメ」

A　そうですね。B君もう一度。

B君　「アシタワメ」

A　Cさん、もう一度。

Cさん　「アシタワアメ」

A　B君、解りましたか。

B君　「アシタワ、アメ」

Cさん　あ！　それは駄目ですね。今、B君は「明日は」の「WA《ワ》」と「雨」の「A《ア》」の間を止めてしまっています。

A　それでは話し言葉になりません。読み言葉になってしまいます。連母音を丁寧に発音するには止めるのではなく、後の母音を少し高いところに当てる、つまり口の中に小さな共鳴変化をつくるのです。

B君　共鳴変化？

Cさん　口の中で音の響きを変えることです。後の母音の響きを変えて「アシタワアメ」このように言います。

A　そう。Cさんは「雨」の「A《ア》」を口の中で「WA《ワ》」の「A《ア》」より少し高いところに当てましたね。「明日はあめ」というように。皆さんもここに注意して一度やってみて下さい。さん、ハイ！

全員　明日はあめ。

A　いいですね。ちょっと難しいけれど一度母音だけでやってみましょう。アイアアアエ。さん、ハイ！

全員　アイアアアエ。

A　今度は子音も入れて。さん、ハイ！

全員　明日はあめ。

A　どうです。少し発音がきれいになったと思いませんか。この連母音共鳴変化の原則というのを憶えておいて下さい。

B君　これは異なる母音のつながり、異母音の場合でも同じですか？

A　そうです。切ってはいけません。皆さんどうでしょう。「愛」の場合「キミヲ　ア、イ、シテイル」と言ったら相手は信じてくれるでしょうか。ではB君、連母音共鳴変化の原則に気を付けて、もう一度「明日は雨だけど学校へいってみよう」をやってみて下さい。

B君　明日は雨だけど、ガッコエイテミヨー。

Cさん　前半はよくなったけど後半がいけませんね。
A　ここに次の課題があります。「学校」のところを見て下さい。「校」のところに「長音」と書いてありますね。これは伸ばす音という意味です。「学校」は「ガッコ」ではなく「ガッコー」です。日常の会話ではこの何でもない長音をつめてしまっている人がよくいますね。皆さんはどうですか。
Cさん　これからは長音はキチンと伸ばして下さい。
B君　B君、間違っていたのと正しいのを両方やってみて。
「ガッコ」
「学校」
A　そうですね。はじめから話すと、
B君　明日は雨だけど学校へイテミヨー。
Cさん　惜しいわ！
A　ずいぶんよくなったけど最後が駄目ですね。
Cさん　イッテミヨーをイテミヨーって言っちゃうんですね。
A　皆さん「行ってみよう」のところに連子音と書いて「T《ティー》」が二つありま

すね。そうなんです。「行ってみよう」は「I《アイ》 T《ティー》 E《イー》 M《エム》 I《アイ》 Y《ワイ》 O《オー》 O《オー》」これだと「イテミヨー」になりますね。「行ってみよう」は「I《アイ》 T《ティー》 T《ティー》 E《イー》 M《エム》 I《アイ》 Y《ワイ》 O《オー》 O《オー》」と「T《ティー》」が二つあります。実はここにも話し言葉のヒミツがあります。この場合は「T《ティー》」を二つ使って、一つを無声にする、サイレントにするんですね。すると言葉がはっきり聞こえます。Cさんやってみて。

Cさん　「イッテミヨー」

A　B君も。

B君　「イッテミヨー」

A　それでいいんです。B君さっきの間違っていたのと今の正しいのを両方やってみて。

B君　「イテミヨー」

「イッテミヨー」

Cさん　ずいぶん変わりましたね。B君がさっき言った「学校」にも「KK」と連子音が入っていますね。

B君　ほんとうだ。長音だけでなく連子音も気を付けないと「学校」は「ガコ」になってしまうんだ。

A　そうです。皆さんも、間違っているのと正しいのと両方やってみて下さい。まずB君型を。アシタワメダケドガコヘイテミヨー。さん、ハイ！

全員　アシタワメダケドガコヘイテミヨー。

A　次に正しい型。明日は雨だけど学校へ行ってみよう。さん、ハイ！

全員　明日は雨だけど学校へ行ってみよう。

A　解って下さいましたね。ここで今日の勉強を整理しましょう。話し言葉は一音一音母音をはっきり発音する。これを母音法といいます。

B君　次に連なる母音に気をつける連母音ですね。そして連子音も大切に。「行ってみよう」だけではないですよ。

Cさん　皆さんが日常使っている「買ってくる」も、時には「ケッとばす」も連子音。

A　そして長音を大切に伸ばす。

B君　「学校」は長音と連子音の両方が入っていますよ。

A　これだけやって下されば、皆さんの話し言葉は見違えるようになります。「おはようございます」をもう一度やってみましょう。明るく！　さん、ハイ！

全員　おはようございます。

A　明日はご家族に、朝この話し方であいさつしてみて下さいね。

Cさんと補助役は黒板の模造紙をはがす。

A　さあ、ここまで母音法を使って美しい日本語の話し方を勉強してきました。今度は応用して授業を進めましょう。

B君　皆さんと一緒にこの歌を歌ってみたいと思います。

黒板には「友だちはいいもんだ　歌詞・母音」表記の模造紙。

B君　「友だちはいいもんだ」です。

A　（児童に）皆さん、この歌を知っていますよね。

　　児童たちの反応。

A　歌はただ歌って楽しいだけではありません。この歌詞を見てください。「話し言葉」が自分の意思や思いを伝えるのと同じように、ここには「友達を大切にする心」「友達を思う気持ち」が込められています。歌を歌うということは、この歌詞を相手に語りかけ、思いを伝えることなのです。

Cさん　皆さんも実際に歌を聞いてとても温かい気持ちになることがありますよね。

B君　それは歌に込められた思いが伝わって来たからなんです。

　歌う前に、歌詞の内容をしっかり心に感じて、相手に語りかける練習をしてみましょう。

A　それでは皆さん、まず、自分の一番仲の良い友達のことを心に思い浮かべてください。その人のことを大切に思って語りかけます。皆さん、思い浮かべましたか？　それでは私の後に続いてください。いきますね。

児童たち　友だちはいいもんだ。はい。（Aは児童の見本になるように語る）

A　友だちはいいもんだ。

そうです。同時に今日勉強した母音法も忘れないようにしましょう。長音「いー」をしっかり伸ばして下さいね。次は、目と目でものが言えるんだ、です。

Cさん　目を見ただけで言葉にしなくても、友達が何を思っているか解ったという経験がありませんか？

A　友達の目をじっと見て、相手の考えていることを感じ取ってください。それではいきますね。目と目でものが言えるんだ。はい。

児童たち　目と目でものが言えるんだ。

B君　「ものが言える」（連母音の箇所を指しながら）「がいえ」ここは「あ」、「い」、「え」の異なる母音が三つも続いていますね。異母音の連母音共鳴変化。響きを変えます。注意しましょう。

A　ではもう一回。目と目でものが言えるんだ。はい！

児童たち　目と目でものが言えるんだ。

A　次です。ここも気をつけて下さいね。連子音ですよ。「コマタ」ではなく「コマッタ」ですね。自分が友達から助けてもらったこと、友達を助けてあげたこと、そのとき心が温かくなったことを思い出してください。ここからは一緒に語りかけてみましょう。さん、ハイ！

全員　困った時は力を貸そう。遠慮はいらない。いつでもどこでも君を見てるよ。愛をこころに君と歩こう。

A　そうです。では次は、クラスの友達皆さんを大切に思って語りかけましょう。一緒にいきますよ。さん、ハイ！

全員　みんなは一人のために。ひとりはみんなのために。みんなは一人のために。一人のために。

A　はい、よく出来ました。ただ書かれていることを読むのではなく、心で感じて語りかけると、その思いがしっかり伝わってきます。

Cさん　では今度は、語りかけるつもりで歌ってみましょう。
B君　皆さん、立ってください。
Cさん　音楽お願いします。

伴奏、流れる。

A　1、2、3！
児童たち　友だちはいいもんだ。目と目でものが言えるんだ。
困った時は力を貸そう。遠慮はいらない。
いつでも　どこでも　君を見てるよ。愛をこころに君と歩こう。
みんなは一人のために　ひとりはみんなのために。
みんなは一人のために　一人のために。
Cさん　（拍手）皆さん、座ってください。どうですか？　自分の思いを伝えることが出来ましたか？
B君　皆さんが思いを伝えようとしているのは、とても感じられましたよ。

A　その思いをはっきりした言葉にする為に、今度はさっき勉強した母音で練習してみましょう。

そうですね。でもいきなりだと難しいかもしれないので、歌の途中までB君とCさんにお願いしましょう。皆さん、よく聞いていてくださいね。

B君・Cさん　（セリフで）オオアイアイーオンア。

エオエオオアイエウンア。

オアッアオイア　イアアオアオー。

エンオアイアアイ。

B　君　「あいうえお」の母音をきちんと話すことが大切です。

オオアイアイーオンア。皆さんもやってみましょう。さん、ハイ！

児童たち　オオアイアイーオンア。

A　少しずつ練習してみましょう。この母音で書いてある所を見ながら私達の後に続いて歌ってください。

出だしの音をもらい、アカペラで練習する。

A・Cさん　いきますよ。オオアイアイーオンア。はい。
児童たち　オオアイアイーオンア。
A・Cさん　エオエエオオアイイエウンア。はい。
児童たち　エオエエオオアイイエウンア。
A・Cさん　オアッアオイア、イアアオアオー。1、2、3。
児童たち　オアッアオイア、イアアオアオー。
A・Cさん　エンオアイアアイ。はい。
児童たち　エンオアイアアイ。
A・Cさん　イウエオオオエオイイオイエウオ。はい。
児童たち　イウエオオオエオイイオイエウオ。
A・Cさん　アイオオオオイイイオアウオー。はい。
児童たち　アイオオオオイイイオアウオー。
B　君　今度は僕とCさんの後に続いて下さい。母音で練習しますが子音と同じように言葉の意味を忘れずに、心を込めて歌ってみましょう。

出だしの音をもらいB君・Cさん二人が指導する。

B君・Cさん　インアア　イオイオアエイ。はい。
児童たち・A　インアア、イオイオアエイ。
B君・Cさん　イオイア　インアオアエイ。はい。
児童たち・A　イオイア、インアオアエイ。
B君・Cさん　インアア　イオイオアエイ　イオイオアエイ。はい。
児童たち・A　インアア　イオイオアエイ　イオイオアエイ。
A　そうです。素晴らしいですよ。
Cさん　今度は最初から子音を入れて皆さんで歌ってみませんか。
B君　そうですね。今日勉強したことを活かして、一緒に歌ってみましょう。皆さん、立って下さい！
Cさん　音楽お願いします。

伴奏、流れる。

A　それではいきますよ。1、2、3！

全員　友だちはいいもんだ。目と目でものが言えるんだ。
困った時は力を貸そう。遠慮はいらない。
いつでも　どこでも　君を見てるよ。愛をこころに君と歩こう。
みんなは一人のために　ひとりはみんなのために。
みんなは一人のために　一人のために。

Cさん　（拍手して）皆さん、すごいですね。

A　とても美しい日本語で皆さんの「友達を思う気持ち」が私たちにはっきり伝わってきましたよ。皆さんが一生懸命勉強してくれたからですね。さあ、最後はクラスのお友達同士で、その思いを伝えてみましょう。お互い向き合って友達の目を見て歌ってみてください。さあ皆さん半円になってください。

児童たちを半円形に誘導する。

A　最後の部分、（該当箇所を指しながら）ここからここまではもう一回繰り返して歌いますね。
それでは今日勉強したことを思い出して、心を込めて歌いましょう。

伴奏、流れる。

A　それでは、口を大きく開けて笑顔で歌いましょう。1、2、3！

全員　友だちはいいもんだ
目と目でものが言えるんだ
困った時は力を貸そう
遠慮はいらない
いつでもどこでも
君を見てるよ

愛をこころに
君と歩こう
みんなは一人のために
ひとりはみんなのために
みんなは一人のために　一人のために

A　（該当箇所を指しながら）もう一度！

全員　みんなは一人のために
ひとりはみんなのために
みんなは一人のために　一人のために

A　さあ皆さん、拍手！

全員拍手。（全員半円形になった状態で）

B君　ああ、感動しました！

Cさん　皆さんの歌、とっても素晴らしかったわ。

A　一人一人の想いが、綺麗な言葉を通してしっかりと伝わってきましたよ。

B君　皆さんの言葉、すごくはっきりと聞こえてきました。

Cさん　これからもずっと忘れないでいて下さいね。

A　さて、そろそろお別れの時間です。今日の勉強で、美しい日本語を話すための原則を見つけることができたと思います。その原則さえ知っておけば、普段ご家族やお友達と話す時はもちろん、授業中の発表や全校集会など人前で話す時にも活かせますね。

Cさん　また皆さんがこれから大きくなって社会に出た時、自分の考えを相手にきちんと伝わるように話すことはとても重要なことです。

B君　今日勉強したことが、皆さんの将来に役立ってくれると、僕たちもうれしいです。

A　それではお別れのご挨拶をしたいと思います。せっかくですからまずは母音で言ってみましょう。「さようなら」を母音では「あおーああ」ですね。では、皆さん、あおーああ！

全員　あおーああ！

A　そうです。素晴らしいですね。では改めまして。さようなら。

全員　さようなら。

A・B君・Cさん・補助役　退場。授業終了後、担任の先生から本講義の「復習プリント」を配ってもらう。

この台本は「『美しい日本語の話し方』教室」での使用を目的として作製されたものです。講義および第三者に対する貸与、複製、譲渡等はご遠慮下さい。

浅利慶太（あさり　けいた）

1933年東京生まれ。53年劇団四季を結成。日本にミュージカルを定着させるとともに、ロングラン公演の成功により日本演劇界の興行形態を変革した。オペラでもミラノ・スカラ座などで『蝶々夫人』『トゥーランドット』などの演出を成功させ国際的評価を得る。98年には長野冬季五輪の開閉会式をプロデュース。社会貢献活動として、児童招待事業「こころの劇場」、学校現場へ直接訪問する日本語授業「『美しい日本語の話し方』教室」にも力を入れる。2018年逝去。著書に『浅利慶太の四季（全四巻）』（慶應義塾大学出版会）、『時の光の中で――劇団四季主宰者の戦後史』（文春文庫）等。

文春新書

924

劇団四季《げきだんしき》メソッド「美《うつく》しい日本語《にほんご》の話《はな》し方《かた》」

2013年7月20日　第1刷発行
2023年10月25日　第5刷発行

著　　者　　浅 利 慶 太
発 行 者　　大 松 芳 男
発 行 所　株式会社 文 藝 春 秋

〒102-8008　東京都千代田区紀尾井町3-23
電話（03）3265-1211（代表）

印 刷 所　　理 想 社
付物印刷　　大 日 本 印 刷
製 本 所　　大 口 製 本

定価はカバーに表示してあります。
万一、落丁・乱丁の場合は小社製作部宛お送り下さい。
送料小社負担でお取替え致します。

ISBN978-4-16-660924-6

◆心理と脳・身体

愛と癒しのコミュニオン　鈴木秀子
心の対話者　鈴木秀子
人と接するのがつらい　根本橘夫
依存症　信田さよ子
糖尿病で死ぬ人、生きる人　牧田善二
糖質中毒　牧田善二
マインド・コントロール　岡田尊司
サイコパス　中野信子
不倫　中野信子
発達障害　岩波　明
天才と発達障害　岩波　明
女と男　なぜわかりあえないのか　橘　玲
40歳からの健康年表　荒井秀典編
夫のLINEはなぜ不愉快なのか　山脇由貴子
脳寿命を延ばす　認知症にならない18の方法　新井平伊
あなたもきっと依存症　原田隆之

毒親介護　石川結貴
ペットロス　伊藤秀倫

◆教える・育てる

幼児教育と脳　澤口俊之
語源でわかった！英単語記憶術　山並陞一
外交官の「うな重方式」英語勉強法　多賀敏行
女子御三家　桜蔭・女子学院・雙葉の秘密　矢野耕平
男子御三家　麻布・開成・武蔵の真実　矢野耕平
僕たちが何者でもなかった頃の話をしよう　山中伸弥・羽生善治・是枝裕和・山極壽一・永田和宏
続・僕たちが何者でもなかった頃の話をしよう　池田理代子・平田オリザ・彬子女王・大隅良典・永田和宏
スマホ危機　親子の克服術　石川結貴
大人の学参　まるわかり世界史　津野田興一
大人の学参　まるわかり近現代史　津野田興一

◆芸能・アートの世界

モーツァルト 天才の秘密 中野 雄

ストラディヴァリとグァルネリ 中野 雄

ベートーヴェン 中野 雄

新版 クラシックCDの名盤 宇野功芳・中野雄・福島章恭

日本刀 小笠原信夫

岩佐又兵衛 辻 惟雄

天才 勝新太郎 春日太一

日本の戦争映画 春日太一

宮大工と歩く奈良の古寺 小川三夫 塩野米松・聞き書き

春画入門 車 浮代

巨大アートビジネスの裏側 石坂泰章

北斎漫画入門 浦上 満

週刊文春「シネマチャート」全記録 週刊文春編

少女漫画家「家」の履歴書 週刊文春編

スポーツ映画トップ100 芝山幹郎

スターは楽し 芝山幹郎

日本プラモデル六〇年史 小林 昇

天才の思考 鈴木敏夫

欲望の名画 中野京子

玉三郎 勘三郎 海老蔵 中川右介

いま、幸せかい？ 滝口悠生選

英語で味わう万葉集 ピーター・J・マクミラン

古関裕而の昭和史 辻田真佐憲

筒美京平 大ヒットメーカーの秘密 近田春夫

グループサウンズ 近田春夫

韓国エンタメはなぜ世界で成功したのか 菅野朋子

ドリフターズとその時代 笹山敬輔

水木しげるロード全妖怪図鑑 境港観光協会

名優が語る 演技と人生 関 容子

◆スポーツの世界

最強のスポーツビジネス 池田 純 スポーツ・グラフィック ナンバー編

箱根駅伝 強豪校の勝ち方 碓井哲雄

オリンピック・マネー 後藤逸郎

競輪という世界 轡田隆史・堤 哲・藤原勇彦・小堀隆司

沢村栄治 太田俊明

アントニオ猪木 闘魂の遺伝子 門馬忠雄

◆こころと健康・医療

愛と癒しのコミュニオン　鈴木秀子
心の対話者　鈴木秀子
人と接するのがつらい　根本橘夫
依存症　信田さよ子
がん放置療法のすすめ　近藤　誠
健康診断は受けてはいけない　近藤　誠
糖尿病で死ぬ人、生きる人　牧田善二
糖質中毒　牧田善二
サイコパス　中野信子
不倫　中野信子
発達障害　岩波　明
天才と発達障害　岩波　明
看る力　阿川佐和子　大塚宣夫
中高年に効く！メンタル防衛術　夏目　誠
健康長寿は靴で決まる　かじやますみこ
ヒトは120歳まで生きられるのか　田原総一朗
40歳からの健康年表　荒井秀典編
脳寿命を延ばす認知症にならない18の方法　新井平伊
あなたもきっと依存症　原田隆之
長生きしたい人は歯周病を治しなさい　天野敦雄
がん治療革命ウイルスでがんを治す　藤堂具紀
妊娠の新しい教科書　堤　治
毒親介護　石川結貴
80代現役医師夫婦の賢食術　家森幸男

◆社会と暮らし

はじめての部落問題　角岡伸彦
潜入ルポ　ヤクザの修羅場　鈴木智彦
臆病者のための裁判入門　橘　玲
女と男　なぜわかりあえないのか　橘　玲
食の戦争　鈴木宣弘
首都水没　土屋信行
水害列島　土屋信行
児童相談所が子供を殺す　山脇由貴子
夫のＬＩＮＥはなぜ不愉快なのか　山脇由貴子
子供の貧困が日本を滅ぼす　日本財団　子どもの貧困対策チーム
医学部　鳥集　徹
高齢ドライバー　所　正文・小長谷陽子・伊藤安海
感動の温泉宿100　石井宏子
日本プラモデル六〇年史　小林　昇
昭和の東京12の貌　文藝春秋編
平成の東京12の貌　文藝春秋編

統一教会　何が問題なのか　文藝春秋編
平成の通信簿　吉野太喜
１９７９年の奇跡　南　信長
日本の海が盗まれる　山田吉彦
内閣調査室秘録　岸　俊光編　志垣民郎
毒親介護　石川結貴
スマホ危機　親子の克服術　石川結貴
総会屋とバブル　尾島正洋
最強の相続　荻原博子
県警VS暴力団　藪　正孝
女性を美しく見せる「錯覚」の魔法　テート小畠利子
死刑賛成弁護士　犯罪被害者支援弁護士フォーラム
パンデミックの文明論　ヤマザキマリ　中野信子
半グレと芸能人　大島佑介
47都道府県の底力がわかる事典　葉上太郎
なんで家族を続けるの？　内田也哉子　中野信子
コロナ後を生きる逆転戦略　河合雅司
超空気支配社会　辻田真佐憲

実録　脱税の手口　田中周紀
老人支配国家　日本の危機　エマニュエル・トッド
男性中心企業の終焉　浜田敬子
負動産地獄　牧野知弘
ＡＩ新世　人工知能と人類の行方　小林亮太　篠本滋　甘利俊一監修
お天気ハンター、異常気象を追う　森さやか
トカイナカに生きる　神山典士
ルポ　食が壊れる　堤　未果
メタバースと経済の未来　井上智洋
ソーシャルジャスティス　内田　舞
ペットロス　伊藤秀倫
チャットＧＰＴ vs. 人類　平　和博

◆アジアの国と歴史

韓国併合への道　完全版　呉　善花
侮日論　呉　善花
韓国「反日民族主義」の奈落　呉　善花
韓国を支配する「空気」の研究　牧野愛博
金正恩と金与正　牧野愛博
「中国」という神話　楊　海英
独裁の中国現代史　楊　海英
ジェノサイド国家中国の真実　千田ケリム　楊　海英
劉備と諸葛亮　柿沼陽平
王室と不敬罪　岩佐淳士
キャッシュレス国家　西村友作
性と欲望の中国　安田峰俊
日本の海が盗まれる　山田吉彦
インドが変える世界地図　広瀬公巳
反日種族主義と日本人　久保田るり子
三国志入門　宮城谷昌光
ラストエンペラー習近平　エドワード・ルトワック　奥山真司訳
韓国エンタメはなぜ世界で成功したのか　菅野朋子
日中百年戦争　城山英巳
第三の大国　インドの思考　笠井亮平

◆さまざまな人生

生きる悪知恵　西原理恵子
男性論　ECCE HOMO　ヤマザキマリ
それでもこの世は悪くなかった　佐藤愛子
僕たちが何者でもなかった頃の話をしよう　山中伸弥・羽生善治・是枝裕和　山極壽一・永田和宏
続・僕たちが何者でもなかった頃の話をしよう　池田理代子・平田オリザ　彬子女王・大隅良典・永田和宏
安楽死で死なせて下さい　橋田壽賀子
一切なりゆき　樹木希林
天邪鬼のすすめ　下重暁子
さらば！　サラリーマン　溝口　敦
私の大往生　週刊文春編
昭和とわたし　澤地久枝
それでも、逃げない　三浦瑠麗　乙武洋匡
知の旅は終わらない　立花　隆
死ねない時代の哲学　村上陽一郎
イライラしたら豆を買いなさい　林家木久扇
老いと学びの極意　武田鉄矢

在宅ひとり死のススメ　上野千鶴子
最後の人声天語　坪内祐三
なんで家族を続けるの？　内田也哉子・中野信子
百歳以前　徳岡孝夫・土井荘平
迷わない。完全版　櫻井よしこ
東大女子という生き方　秋山千佳
毒親介護　石川結貴
トカイナカに生きる　神山典士
美しい日本人　文藝春秋編
70歳からの人生相談　毒蝮三太夫
ペットロス　伊藤秀倫

◆食の愉しみ

発酵食品礼讃　小泉武夫
毒草を食べてみた　植松　黎
中国茶図鑑　工藤佳治・俞　向紅／丸山洋平・写真
チーズ図鑑　文藝春秋編
食の世界地図　21世紀研究会編
一杯の紅茶の世界史　磯淵　猛
辰巳芳子　スープの手ほどき　和の部　辰巳芳子
辰巳芳子　スープの手ほどき　洋の部　辰巳芳子
新版　娘につたえる私の味　一月～五月　辰巳浜子・辰巳芳子
新版　娘につたえる私の味　六月～十二月　辰巳浜子・辰巳芳子
小林カツ代のお料理入門　小林カツ代
一生食べたい　カツ代流レシピ　小林カツ代・本田明子
歴史の中のワイン　山本　博
農業新時代　川内イオ
農業フロンティア　川内イオ
世界珍食紀行　山田七絵編

ルポ　食が壊れる　堤　未果
80代現役医師夫婦の賢食術　家森幸男

品切の節はご容赦下さい

◆文学・ことば

- 翻訳夜話　村上春樹・柴田元幸
- 翻訳夜話2　サリンジャー戦記　村上春樹・柴田元幸
- 漢字と日本人　高島俊男
- 語源でわかった！英単語記憶術　山並陞一
- 外交官の「うな重方式」英語勉強法　多賀敏行
- 名文どろぼう　竹内政明
- 「編集手帳」の文章術　竹内政明
- 弔辞　劇的な人生を送る言葉　文藝春秋編
- ビブリオバトル　谷口忠大
- 新・百人一首　岡井隆・馬場あき子・永田和宏・穂村弘選
- 劇団四季メソッド「美しい日本語の話し方」　浅利慶太
- 芥川賞の謎を解く　鵜飼哲夫
- ビジネスエリートの新論語　司馬遼太郎
- 世界はジョークで出来ている　早坂　隆
- 一切なりゆき　樹木希林
- 天才の思考　鈴木敏夫
- いま、幸せかい？　滝口悠生選
- 英語で味わう万葉集　ピーター・J・マクミラン
- 歎異抄　救いのことば　釈　徹宗
- 最後の人声天語　坪内祐三
- 三国志入門　宮城谷昌光
- 教養脳　福田和也
- 明日あるまじく候　細川護熙
- 伊賀の人・松尾芭蕉　北村純一
- ちょっと方向を変えてみる　辻　仁成
- 歴史・時代小説教室　安部龍太郎・門井慶喜・畠中　恵
- 柄谷行人『力と交換様式』を読む　柄谷行人ほか

◆ネットと情報

- 「社会調査」のウソ　谷岡一郎
- インターネット・ゲーム依存症　岡田尊司
- 闇《ダーク》ウェブ　セキュリティ集団スプラウト
- フェイクウェブ　高野聖玄・セキュリティ集団スプラウト
- スマホ廃人　石川結貴
- スマホ危機　親子の克服術　石川結貴
- 超空気支配社会　辻田真佐憲
- ソーシャルジャスティス　内田　舞

◆経済と企業

リープフロッグ　野口悠紀雄
臆病者のための株入門　橘　玲
臆病者のための億万長者入門　橘　玲
熱湯経営　樋口武男
先の先を読め　樋口武男
ビジネスパーソンのための契約の教科書　福井健策
ブラック企業　今野晴貴
ブラック企業2　今野晴貴
売る力　鈴木敏文
日本型モノづくりの敗北　湯之上隆
半導体有事　湯之上隆
詐欺の帝王　溝口　敦
さらば！ サラリーマン　溝口　敦
トヨタ生産方式の逆襲　鈴村尚久
グローバリズムが世界を滅ぼす　エマニュエル・トッド　ハジュン・チャン　柴山桂太・中野剛志・藤井聡・堀茂樹
税金を払わない巨大企業　富岡幸雄

消費税が国を滅ぼす　富岡幸雄
安売り王一代　安田隆夫
働く女子の運命　濱口桂一郎
人工知能と経済の未来　井上智洋
メタバースと経済の未来　井上智洋
「公益」資本主義　原　丈人
お祈りメール来た、日本死ね　海老原嗣生
自動車会社が消える日　井上久男
日産vs.ゴーン　井上久男
新貿易立国論　大泉啓一郎
世界史を変えた詐欺師たち　東谷　暁
日銀バブルが日本を蝕む　藤田知也
AIが変えるお金の未来　坂井隆之・宮川裕章＋毎日新聞フィンテック取材班
なぜ日本の会社は生産性が低いのか？　熊野英生
会社員が消える　大内伸哉
キャッシュレス国家　西村友作
農業新時代　川内イオ
農業フロンティア　川内イオ

総会屋とバブル　尾島正洋
最強の相続　荻原博子
吉本興業の約束　大﨑　洋　坪田信貴
日本企業の復活力　伊丹敬之
グリーン・ジャイアント　森川　潤
国税OBだけが知っている失敗しない相続　坂田拓也
AI新世　人工知能と人類の行方　小林亮太　篠本　滋　甘利俊一監修
スパコン富岳の挑戦　松岡　聡
男性中心企業の終焉　浜田敬子
ルポ　食が壊れる　堤　未果
負動産地獄　牧野知弘
地銀と中小企業の運命　橋本卓典
逆境経営　樽谷哲也

(2023. 06) B　品切の節はご容赦下さい